SWU-700-015

LA GUERRA DI SARDEGNA E DI SICILIA 1717-1720 GLI ESERCITI CONTRAPPOSTI: SAVOIA, SPAGNA, AUSTRIA

PARTE 3
L'ESERCITO AUSTRIACO NEL 1717-1720 E
LA GUERRA PER LA DIFESA DELLA SARDEGNA
E LA CONQUISTA DELLA SICILIA

TOMO 1

SOLDIERSHOP

AUTORI

Giancarlo Boeri (Sanremo 1944), Laurea in Fisica, fin dall'infanzia si è dedicato allo studio della storia e dell'iconografia militare dei secoli XVII e XVIII. Nel tempo ha approfondito tutti gli aspetti sugli eserciti degli Stati preunitari italiani, dell'esercito spagnolo, francese e degli Stati dell'Europa occidentale del XVII e XVII secolo, tanto da divenire un punto di riferimento per gli studiosi del campo. Ha scritto numerosi articoli e libri, da solo e con altri autori in Italia e all'estero, tra cui una serie di volumi sull'esercito borbonico dalla Rivoluzione francese alla fine del Regno di Napoli (1789-1861), pubblicata dall'Ufficio Storico dello Stato Maggiore dell'Esercito. Ha pubblicato, inoltre, diverse opere sulle uniformi delle Marine degli Stati italiani preunitari ed una serie di monografie, in italiano ed inglese, sugli eserciti sabaudo, spagnolo, francese, imperiale austriaco, operanti tra Seicento e Settecento.

Paolo Giacomone Piana (Genova 1959) Studioso di storia militare, in particolare dell'esercito e della marina della repubblica di Genova, ha pubblicato numerosi saggi ed articoli, molti in collaborazione con il compianto Riccardo Dellepiane, tra cui il libro *Militarium*.

Guglielmo Aimaretti, Nato a Villafranca Piemonte nel 1944, in provincia di Torino, vissuto a Torino fino al 1971 è stato docente di Discipline Artistiche ad Alba. Fin dalla giovinezza collezionista e cultore di documentazione storico-militare ha affiancato all'attività docente quella di illustratore nell'ambito uniformologico collaborando con l'editoria specializzata. Molti suoi lavori sono in collezioni private in Italia e all'estero .

Roberto Vela, (Acqui Terme 1952). Appassionato di storia militare, cultore di storia locale e di araldica, uniformi ed armi dei secoli XVII-XVIII, si è dedicato alla ricerca iconografica e alla produzione di disegni ed illustrazioni per numerose pubblicazioni, apparse, tra l'altro, sul Bollettino dell'Accademia di San Marciano. Collabora da alcuni decenni con Giancarlo Boeri per le pubblicazioni partecipando alle ricerche storiche relative.

PUBLISHING'S NOTE

RINGRAZIAMENTI

Gli autori desiderano ringraziare Aldo Antonicelli, Emiliano Beri, René Chartrand, Luca Pistone e Gianni Ridella per la collaborazione ricevuta. Un particolare ringraziamento a Robert Hall, inseparabile compagno di ricerche, che ha generosamente messo a disposizione i suoi appunti, foto e note sull'esercito austriaco. Va infine ricordato il contributo fornito da Francesc Riart Jou allo studio dell'esercito di Carlo VI in Catalogna per una pubblicazione in corso di realizzazione.

Title: **LA GUERRA DI SARDEGNA E DI SICILIA 1717-1720. GLI ESERCITI CONTRAPPOSTI: SAVOIA, SPAGNA, AUSTRIA - Parte 3 L'Esercito Austriaco nel 1717-1720 e la Guerra per la difesa della Sardegna e la conquista della Sicilia - Tomo 1.** di GianCarlo Boeri e Paolo Giacomone Piana. Tavole di Guglielmo Aimaretti e Roberto Vela. Prima edizione Luca Cristini Editore per i tipi di Soldiershop. Settembre 2019 Copertina e DP a cura di L.S. Cristini.

ISBN code: 978-88-93274883

LA GUERRA DI SARDEGNA E DI SICILIA 1717-1720. GLI ESERCITI CONTRAPPOSTI: SAVOIA, SPAGNA, AUSTRIA

PARTE 3
L'ESERCITO AUSTRIACO NEL 1717-1720 E LA GUERRA PER LA DIFESA DELLA SARDEGNA E LA CONQUISTA DELLA SICILIA
TOMO 1

INTRODUZIONE

Questo terzo volume della Guerra di Sardegna e di Sicilia (1717-1720) si incentra sulla partecipazione al conflitto dell'esercito austriaco, il quale era allora ben diverso dall'efficiente organismo multinazionale che divenne in seguito. L'esercito di questo periodo è sempre stato trattato di sfuggita, dando l'impressione che strutture e uniformi fossero simili a quelle dell'epoca di Maria Teresa. Invece erano assai diverse. Al tempo di Carlo VI l'apparato militare asburgico presentava molte lacune, che le vittorie conseguite grazie al genio del principe Eugenio non devono far dimenticare: in Sicilia Eugenio non c'era e i difetti dell'apparato apparvero in piena evidenza.

Non sarebbe corretto chiamare "austriache" le forze militari asburgiche prima del 1806, quando Francesco II cessò di essere "Imperatore Romano" per diventare "Imperatore d'Austria" col titolo di Francesco I. Ma "austriaco" era fin da allora indicato l'esercito di Carlo VI nel suo complesso, evitando di dover sempre distinguere tra l'esercito "imperiale" (traduzione italiana di *kaiserlich*, alla lettera "cesareo") e gli eserciti "reali" degli stati già appartenenti al ramo spagnolo della dinastia. Il termine "austriaco" era usato (e sarà usato in questo volume) quale sinonimo di "asburgico", come in Spagna, dove gli Asburgo spagnoli erano detti *Austria*. Anche parole quali "imperiale" e "reale" possono ingenerare confusione, potendosi confondere l'esercito di Carlo VI con quello dell'impero ed essendo egli anche re di Boemia e d'Ungheria. Ma questi sono i termini ricorrenti nelle fonti dell'epoca e non si è ritenuto opportuno introdurne di nuovi.

Fonti d'archivio e periodici contemporanei

I riferimenti archivistici riguardano quasi tutti gli eserciti "reali", i reggimenti provenienti dalla penisola iberica e la marina napoletana; su altri aspetti dell'esercito austriaco dell'epoca, in particolare riguardo la storia dei suoi reggimenti, le uniformi e le bandiere, è stato pubblicato parecchio, permettendo di prescindere, almeno in questa sede, dall'uso di materiale d'archivio. Sono state largamente utilizzate le «Gazzette» del tempo (in primis gli *Avvisi Italiani* di Vienna e la *Gaceta de Madrid*), solitamente trascurate dagli storici (che potrebbero servirsene per avere un'idea di come era visto un avvenimento nel momento in cui accadeva) ma di capitale importanza per gli eruditi, che vi trovano nomine e promozioni, arrivi e partenze di persone, navi e reggimenti, nonché una marea di minuti fatti di cronaca (raramente le notizie di questo tipo non sono vere, anche se talvolta sono riportate inesattamente).

Occorre sempre ricordare che le «Gazzette», come tutti i giornali, usano parole e frasi nel significato allora corrente: per esempio «preparare le tappe» vuol dire predisporre le razioni di viveri e foraggio per le truppe in marcia. Espressioni come «viaggiare sulle poste» o «prendere la diligenza delle poste» erano sinonimo di «viaggiare alla massima velocità» (con riferimento al cambio dei cavalli nelle stazioni di posta oppure all'aver lasciato la propria carrozza per noleggiare una leggera e veloce diligenza postale).

Spesso nei testi del tempo l'indicazione "Genova" o "Napoli" non si riferisce alle città ma alla Repubblica di Genova o al Regno di Napoli. Quando poi si legge di truppe sbarcate a Genova, vuol dire sbarcate al "Passo della Lanterna" (oggi scomparso) fuori dalle mura cittadine, poiché nessun reparto straniero poteva mettere piede in città. I convogli diretti in Sicilia partivano da San Pier d'Arena (che oggi fa parte di Genova, ma allora ne era separata dal contrafforte montuoso di San Benigno, demolito negli anni '20 del XX secolo) oppure da Vado (Ligure).

◄ *L'arciduca Carlo pretendente al trono di Spagna: sullo sfondo il porto di Barcellona. Notare le sciarpa gialla. L'uso dell'armatura completa era una convenzione pittorica (Frans van Stampart, Kunsthistorisches di Vienna).*

Bibliografia[1]

Oggi molto materiale è disponibile in rete grazie al contributo di molte biblioteche pubbliche (essenzialmente straniere), ma fino a poco tempo fa lo studioso italiano poteva far ricorso solo ai volumi della serie *Campagne del Principe Eugenio di Savoia*. Pubblicate in edizione originale (*Feldzüge des Prinzen Eugen von Savoyen*) dal 1876 al 1891 e tradotte in italiano per volontà del re Umberto I, le *Campagne* sono un'opera monumentale, basata su un'accurata ricerca archivistica; tuttavia il loro carattere ufficiale fa sì che molti aspetti "imbarazzanti" siano messi in sordina o non citati del tutto. La traduzione italiana è frettolosa, letterale e abbonda di termini inusuali (per esempio "tragittare" nel senso di "trasportare") che rendono il testo a volte incomprensibile. Questi difetti sono accentuati nel «Supplemento» che riporta la corrispondenza del principe Eugenio, dove tutti i termini che si discostano dal tedesco moderno non sono tradotti. Inoltre l'edizione italiana condensa in poche righe molte pagine del testo originale, omette diversi passi (persino delle lettere del principe Eugenio) e modifica certe parole per conformarsi ai pregiudizi nazionalistici dell'epoca (per esempio scrivendo "italiani" invece di "lombardi" o "napoletani"). Le *Campagne* restano nondimeno una fonte imprescindibile per chiunque voglia occuparsi delle guerre del tempo e non si può studiare quella del 1717-1720 trascurando il volume XVIII della serie, scritto da Raimund Gerba e intitolato *Guerre in Sicilia e in Corsica negli anni 1717-1720 e 1730-1732*.

Per lo studio delle campagne in Sicilia è importante anche il *Diario delle Armi Cesaree in Sicilia* pubblicato in versione italiana dalla «Gazzetta» *Avvisi Italiani* di Vienna e riprodotto nel *Diario di tutto quello successe nell'ultima guerra di Sicilia fra le due Armate Alemana* [sic] *e Spagnola*. attribuito a Benedetto De Colpi. Il libro di Thomas Corbett *An account of the expedition of the British Fleet to Sicily, in the years 1718, 1719, and 1720*, considerato in passato una relazione affidabile dell'operato dell'ammiraglio Byng, a una lettura accurata appare invece essere un'opera di mera propaganda, che mostra Byng come il *deus ex machina* di ogni situazione (si sostiene per esempio che i rinforzi provenienti da Fiume avrebbero fatto il periplo della penisola per arrivare a Napoli, se Byng non avesse suggerito di farli sbarcare a Manfredonia. Lo avevano fatto da sempre!).

Oltre a dare una versione di parte del conflitto, queste opere trascurano le conseguenze delle operazioni militari sulla popolazione civile, per cui occorre integrarle con le fonti siciliane disponibili, prima di tutto il manoscritto di Domenico Barca cui è dedicato l'ottimo sito «L'Assedio di Milazzo del 1718/19», ma anche la «Relazione istorica» di Vincenzo Cartella pubblicata da Francesco Muscolino o gli articoli di Alberico Lo Faso di Serradifalco basati su documenti dell'Archivio di Stato di Torino. Non si deve inoltre dimenticare che dai tempi di Gerba la ricerca storica ha fatto progressi, chiarendo molte cose e sfatando molti luoghi comuni (per esempio quello del ritardo economico della Sicilia di allora).

Termini tedeschi, gradi e nomi

L'uso di termini tedeschi è stato limitato il più possibile, non avendo senso usare espressioni delle quali esiste l'esatto corrispondente italiano, preferendosi sempre la locuzione tradizionale (per esempio «Consiglio aulico di guerra» e non «Consiglio di guerra di corte» per *Hofkriegsrath*). A quel tempo la grafia del tedesco non era ancora standardizzata e si faceva molto uso di termini di origine italiana o latina. Se possibile si è usata la grafia attuale; altrimenti un termine viene scritto come all'epoca. Occorre notare che gli autori delle *Campagne del Principe Eugenio di Savoia* hanno reso tutto nel tedesco allora corrente in Austria, per cui sarebbe ingenuo usare le loro espressioni pensando siano quelle originali.

I gradi militari non avevano precisa corrispondenza con quelli in uso altrove e le loro denominazioni erano piuttosto lunghe, per cui essi sono stati resi con abbreviazioni.

Nell'interesse della concisione la compitazione dei nomi di persona e di reggimento è stata semplificata, rinviandosi per quelli completi agli allegati. Però mentre per i nomi di persona viene usata la grafia corretta (per esempio "Portia" e non "Porcia") per quelli di reggimento viene seguita quella ufficiale (quindi "Luccini" e non "Lucini") al fine di non complicare le ricerche nei vari repertori.

Data la complessità dell'argomento è inevitabile che gli autori siano incorsi in imprecisioni e saranno grati a quanti volessero segnalargliele.

GianCarlo Boeri e Paolo Giacomone Piana

---

1   Vedasi. tomo 2 di questo 3° volume.

ABBREVIAZIONI

Materiale d'archivio

AHN	Archivo Histórico Nacional, Madrid
ASMi	Archivio di Stato di Milano
ASNa	Archivio di Stato di Napoli
Bibl. Cat.	Biblioteca de Catalunya
HHSA	Haus-, Hof- und Staatsarchiv, Wien

Materiale a stampa e online

ADB	*Allgemeine Deutsche Biographie*
Assedio di Milazzo	«L'Assedio di Milazzo del 1718/19», blog
Avvisi	*Avvisi Italiani*, Vienna
Campagne	*Campagne del Principe Eugenio di Savoia*
Castellví	CASTELLVÍ, *Narraciones históricas*
Czegka	CZEGKA, *Uniformen der kaiserlichen Infanterie unter Prinz Eugen*
DBI	*Dizionario Biografico degli Italiani*
De Colpi	[DE COLPI], *Diario di tutto quello successe nell'ultima guerra di Sicilia fra le due Armate Alemana [sic] e Spagnola*
Duffy	DUFFY, *The Army of Maria Theresia. The Armed Forces of Imperial Austria 1740-1780*
Feldzüge	*Feldzüge des Prinzen Eugen von Savoyen*
Haussman	HAUSSMAN, *Die Feldzeichen der Truppen Maria Theresias*
Gudenus	*Reiter, Husaren und Grenadiere. Die Uniformen der Kaiserliche Armee um Rhein 1734*
Knötel	KNÖTEL, *Große Uniformenkunde*
Kostka	KOSTKA, *Observationes zu dem Articuls-Brief Leopoldi I.*
Imperial Austrian Army	HALL - BOERI, *Uniforms and Flags of the Imperial Austrian Army (1683-1720)*
L'esercito imperiale	MUGNAI – CRISTINI, *L'esercito imperiale al tempo del principe Eugenio di Savoia 1690-1720*
Müller	MÜLLER, *Die kaiserl. königl. österreichische Armee seit Errichtung der stehenden Kriegsheere bis auf die neuste Zeit*
NDB	*Neue Deutsche Biographie*
Portionen Buch	*Kaiserliche Ordonnanz und Portionen Buch*
Radics	RADICS, *Die Heidelberger Parade 1745. Nach einem gleichzeitigen Bilde geschildert*
Regal	REGAL, *Reglement Uber ein Kayserliches Regiment zu Fuß*
Schmidt-Brentano	SCHMIDT-BRENTANO, *Kaiserliche und k.k. Generale (1618-1815)*
Sorando Muzás	SORANDO MUZÁS, *Trofeos austriacos y sardos obtenidos por los ejércitos de los reyes hispanos Felipe V y Fernando VI (1717-1759)*
Tessin	TESSIN, *Die Regimenter der Europäischen Staaten im Ancien Regime des XVI. bis XVIII. Jahrhunderts*
Teuber	TEUBER, *Die österreichische Armee von 1700 bis 1867*
Tra i Borboni e gli Asburgo	ILARI – BOERI - PAOLETTI, *Tra i Borboni e gli Asburgo. Le armate terrestri e navali italiane nelle guerre del primo Settecento (1701-1732)*
Triomphes	*Les Triomphes de Louis le Grand*
Wrede	WREDE, *Geschichte der K. und K. Wehrmacht*
Wurzbach	WURZBACH, *Biographisches Lexikon des Kaiserthums Österreich*

Gradi militari

FM	Feldmarschall
GdC	General der Cavallerie
FZM	Feldzeugmeister
FML	Feldmarschall-Lieutenant
GFWM	General-Feldwachtmeister

INDICE

VICENDE DELLA GUERRA IN SARDEGNA E SICILIA

La sistemazione dell'Europa dopo la guerra di successione spagnola non era considerata definitiva da Carlo VI, che non aveva rinunciato alle sue pretese al trono spagnolo, continuando a definirsi "re di Spagna" e "Maestà Cattolica" e riferendosi a Filippo V come al duca d'Angiò. Ma le ostilità aperte tra i due sovrani erano cessate e l'imperatore pensava di essere al riparo da attacchi proditori mentre era impegnato contro il "nemico comune" della Cristianità, l'Impero Ottomano. L'andamento della guerra era favorevole e l'esercito guidato dal principe Eugenio di Savoia aveva già conseguito una grande vittoria a Petrovaradin (oggi parte della città serba di Novi Sad) il 5 agosto 1716; nell'estate 1717 era in corso l'assedio di Belgrado, che di lì a poco sarebbe stata teatro di un'altra grande vittoria del principe Eugenio (16 agosto). Anche nel Mediterraneo orientale le cose sembravano mettersi bene e un tentativo ottomano di prendere la piazzaforte veneziana di Corfù era stato respinto. Anche la Spagna aveva collaborato alla difesa inviando nel 1716 una squadra navale in appoggio alla flotta veneziana.

Lo sbarco spagnolo in Sardegna del 1717 apparve quindi una "pugnalata alla schiena" *ante litteram*, la cui responsabilità per lungo tempo è stata fatta risalire al primo ministro spagnolo cardinale Alberoni; studi più approfonditi hanno invece chiarito che la responsabilità principale era di Francesco Farnese, duca di Parma e Piacenza, di cui erano meri esecutori la figliastra Elisabetta, regina di Spagna, e il parmigiano Alberoni, legatissimo ai Farnese cui doveva la sua posizione. La storiografia italiana tradizionale ha esaltato la figura di Francesco Farnese, facendone un antesignano del Risorgimento, mentre in realtà perseguiva solo i propri interessi dinastici: nel 1713 era riuscito a partecipare al congresso di Utrecht per riaffacciarvi – naturalmente invano – la questione del recupero di Castro e Ronciglione, feudi laziali dei Farnese annessi agli stati pontifici nel 1649. Alberoni si rendeva conto che gli Stati europei, desiderosi di pace, avrebbero senz'altro reagito contro chi tentasse di turbare l'equilibrio finalmente raggiunto e sapeva che la Spagna non sarebbe stata in grado, da sola, di far fronte a tale reazione: ma la volontà di Francesco Farnese, spalleggiato da Elisabetta "la strega di Spagna", fu inesorabile ed egli dovette adeguarsi[1].

LA SITUAZIONE NEL 1717

Quantificare la forza effettiva dell'esercito austriaco nel 1717 è assai difficile, perché i dati disponibili riguardano solo le forze mobili, ovvero i reggimenti di fanteria e cavalleria, con esclusione di quelle dei presidi fissi e dell'artiglieria. Non contando i due reggimenti di stanza in Sardegna e i dieci reggimenti reclutati nei Paesi Bassi austriaci, nel 1715 esse contavano 45 reggimenti di fanteria e 42 di cavalleria per un totale (sulla carta) di 137.000 uomini: ma la forza presente era molto minore, mancando in complesso 20.000 uomini e 6.000 cavalli, perché dopo la campagna del 1713 non si era provveduto a completarli[2].

Mancando i mezzi finanziari, l'espansione dei quadri dell'esercito fu limitata a tre reggimenti di fanteria, reclutati *ex novo* e altri cinque "capitolati" con alcuni principi tedeschi. Le poche risorse disponibili furono destinate ai reclutamenti necessari per colmare le carenze e mantenere a numero le truppe impegnate in combattimento, alle rimonte e alle altre necessità sorte dal conflitto. Nell'aprile 1717 furono "capitolati" due reggimenti di fanteria con il langravio di Assia-Kassel e il margravio di Anspach.

La "Neutralità d'Italia" sancita dai trattati, in particolare dall'art. 30 del trattato di Baden del 7 settembre 1714, aveva portato a stanziare poche forze nei possedimenti italiani: inoltre entro la fine del 1715 partirono per l'Ungheria i reggimenti di fanteria *Bagni* e di dragoni *Battée* dalla Lombardia e quelli di fanteria *Wetzel* e di corazzieri *Caraffa* dal Regno di Napoli. Negli anni successivi solo i reggimenti dislocati nel Regno di Napoli, ove

---

1   PAOLO ALATRI, *L'Europa dopo Luigi XIV (1715-1731)*, Palermo, Sellerio, 1986, pp. 149-150; su Francesco Farnese e Alberoni v. anche EMILIO NASALLI ROCCA, *I Farnese*, Milano, Dall'Oglio, 1969, pp. 218-227.

2   *Campagne*, XVI, p. 35.

si temevano sbarchi nemici, furono mantenuti in efficienza, mentre quelli stanziati in Lombardia rimasero privi di reclute, riducendosi agli effettivi appena sufficienti per svolgere gli ordinari servizi di presidio, mentre la cavalleria era in gran parte smontata.

Nel luglio 1717 in Lombardia (ovvero nel Ducato di Milano e in quello di Mantova, autonomi l'uno dall'altro) le truppe mobili comprendevano come fanteria i reggimenti "tedeschi" *Bayreuth, Könisegg, Zumjungen, O'Dwyer* e *Traun*, il reggimento ungherese *Gyulai* e il reggimento "nazionale" *Luccini*; di cavalleria c'erano il reggimento "tedesco" di corazzieri *Visconti* e il reggimento "nazionale" di dragoni *Hamilton*, escluso il piccolo reggimento di guardie a cavallo del conte Somaglia che non faceva parte delle forze mobili. Nel maggio 1717 i sette reggimenti di fanteria contavano in tutto 9.104 uomini rispetto a un organico di 15.200 (ne mancavano quindi 6.096) mentre i due di cavalleria avevano 1.625 uomini e 811 cavalli mancando all'organico 375 uomini e 1.189 cavalli (i dragoni *Hamilton* avevano solo 120 cavalli).

Nel Regno di Napoli vi erano invece, come truppe mobili, quattro reggimenti "tedeschi" di fanteria (*Toldo, Alt-Wallis, Nesselrode* e *Carl Lothringen*), il reggimento di dragoni *Tige* ("tedesco") e quello "nazionale" di dragoni del marchese Egidio Roma. Questi corpi erano quasi completi, mancando solo circa 700 uomini e 400 cavalli per raggiungere l'organico previsto (10.800 uomini e 1.600 cavalli). Ma queste forze erano troppo disperse. Napoli era una delle città più popolose d'Europa e il mantenimento dell'ordine pubblico richiedeva almeno 3.000 uomini mentre altri 1.200 uomini dovevano essere stanziati a Gaeta e Capua, il cui possesso era indispensabile al controllo del Regno; da questo dipendevano inoltre i "Presìdi di Toscana" (Orbetello, Talamone, Porto Ercole e Porto Santo Stefano), guardati da 900 uomini circa nel timore di eventuali attacchi portati da Porto Longone (oggi Porto Azzurro), un "presidio" rimasto in possesso della Spagna. A seguito del conflitto con l'Impero ottomano fu poi necessario premunirsi contro la possibilità che le "normali" incursioni dei corsari barbareschi e dulcignotti si trasformassero in sbarchi veri e propri, per cui gran parte delle forze disponibili furono dislocate lungo le coste adriatiche e ioniche sminuzzandole in tanti piccoli distaccamenti che nel maggio 1717 assorbivano 3.298 uomini tra fanti e cavalieri (1.346 in Calabria, 696 in Abruzzo e 1.256 in Puglia)[3].

Tra i possedimenti italiani di Carlo VI il più sguarnito era la Sardegna. Nel luglio 1714 il presidio dell'isola contava 1.158 fanti nelle 14 compagnie del reggimento *Barbon*, 373 cavalieri del reggimento *Carreras* e 53 tra ufficiali e artiglieri ripartiti nelle tre fortezze di Cagliari, Sassari e Castel Aragonese (oggi Castelsardo): 1.534 uomini in tutto, ai quali andavano aggiunti i soldati e gli artiglieri di guardia alle torri sparse lungo il litorale. Alla vigilia dell'attacco spagnolo, questo debole apparato difensivo fu ancora scemato di forze mandando a Napoli gran parte del reggimento *Barbon* per incorporarlo nel «reggimento di marina» (il 3 luglio 1717 partirono da Cagliari 535 uomini); anche il reggimento *Carreras* doveva essere ridotto a soli duecento soldati, ma il viceré ritenne opportuno non eseguire quest'ordine[4].

LA PERDITA DELLA SARDEGNA

La Sardegna era compresa espressamente tra i territori italiani la cui neutralità era riconosciuta dal trattato di Baden (7 settembre 1714); di conseguenza le forze di presidio erano poche, non pensandosi che la Spagna volesse sfidare l'Europa per conquistare un'isola povera e malarica. Ma essa costituiva una base indispensabile per future operazioni, non potendo servire a tal fine il minuscolo territorio di Porto Longone (oggi Porto Azzurro), l'unico possedimento italiano lasciato alla Spagna dal trattato di Utrecht.

L'occupazione della Sardegna doveva avvenire di sorpresa, per cui si divulgò che la spedizione era destinata in appoggio ai veneziani, come l'anno precedente, ma le sue dimensioni suscitarono nei governi europei dubbi sul suo reale obiettivo. Per assicurare l'esatta esecuzione degli ordini ricevuti, Alberoni affidò il comando della spedizione a due comandanti non spagnoli di nascita, il marchese di Lede, fiammingo, per le forze di terra, e il marchese Mari, genovese, per quelle di mare: come ulteriore precauzione, essi ricevettero ordini si-

---

3   *Tabella generale pro maggio 1717 degl'incliti reggimenti di fanteria e cavalleria di Sua Maestà Imperiale e Reale, stanziati in Lombardia e nel Regno di Napoli*, in *Campagne*, XVIII, appendice n. 4 a p. 280 (i dati della tabella escludono gli stati maggiori).

4   MARIO DÖBERL, *La visita generale di Marcos Marañón y Lara nel Regno di Sardegna (1714/1715). Un breve periodo di riforme sotto il governo degli Asburgo Austriaci*, in *Estudis*, Nº 33, 2007, pp. 225-253 (in part. p. 234); *Campagne*, XVIII, p. 13; *Avvisi*, 28 luglio 1717 n. 123).

gillati, da aprirsi solo in alto mare. Le prime navi spagnole giunsero il 9 agosto a capo di Pula, vicino a Cagliari, del tutto inaspettate, ma l'arrivo del grosso della forza d'invasione fu ritardato dalla mancanza di vento, per cui lo sbarco ebbe luogo solo il 22 agosto in località Sant'Andrea (oggi compresa nel comune di Quartu S. Elena).

Viceré di Sardegna era il FZM marchese di Rubí, catalano, già viceré di Maiorca dal 1713 al 1715, che aveva preso possesso della carica da appena un mese[5]: approfittando dell'intervallo tra la comparsa delle prime navi spagnole e lo sbarco egli cercò di mettere Cagliari in stato di difesa, mobilitando anche la milizia, su cui pensava

▲ *Particolare di un ritratto di Vittorio Amedeo II raffigurante ussari austriaci alla battaglia di Torino nel 1706 (Galleria del castello di Racconigi).*

di poter contare (ed in effetti, quando gli spagnoli sbarcarono, la cavalleria miliziana cercò di contrastarli). Il presidio di Cagliari consisteva in 600 soldati (tre compagnie del reggimento *Barbon* col tenente colonnello Vicente Estopiñan, gran parte del reggimento di cavalleria *Carreras*, una compagnia di catalani e valenciani probabilmente formata da volontari reclutati al momento), trecento uomini della milizia urbana e ottocento miliziani a cavallo. Questi dati sono incerti perché un quadro esatto delle forze poste a difesa della città non sembra sia stato mai pubblicato.

I pochi difensori di Cagliari fecero una bella resistenza, obbligando gli spagnoli a intraprendere un assedio in piena regola. Nella notte tra il 17 e il 18 settembre il viceré lasciò la città con un centinaio di cavalieri diretto ad Alghero, ma a Siamanna il piccolo distaccamento fu sorpreso e catturato dal conte de Pezuela (il marchese di Rubí riuscì a porsi in salvo raggiungendo infine Genova). La guarnigione di Cagliari, il cui comando era stato assunto dal colonnello Carreras, si ritirò nel castello arrendendosi il 2 ottobre, con la concessione di potersi imbarcare liberamente per Genova (anche se molti soldati scelsero di entrare al servizio spagnolo). Invece in altre parti dell'isola, specie in quella settentrionale, la popolazione prese le armi a favore di Filippo V[6].

Il viceré di Napoli, FM Daun, disponendo di pochi mezzi navali, era nella pratica impossibilità di mandare rinforzi in Sardegna; per ordine imperiale venne tuttavia allestita una piccola spedizione di soccorso al comando del maggiore barone Anton Wallis, composta da circa quattrocento uomini dei reggimenti *Toldo*, *Nesselrode*, *Alt-Wallis* e *Carl Lothringhen* e un centinaio di volontari catalani e valenciani. Essa partì il 5 ottobre imbarcata su quattro galee e un pinco armato agli ordini del conte di Foncalada, comandante della squadra napoletana. Il 9 il distaccamento di Wallis sbarcò nei pressi dell'isola di Tavolara, ma il giorno dopo dovette arrendersi a Terranova (oggi Olbia) ai miliziani locali che l'avevano circondato[7]. Non più fortunati furono

5   José Antonio de Rubí y Boixadors, marchese di Rubí (Barcellona 1669 – Bruxelles 1740), nominato FZM nel 1717, nel 1719 divenne governatore del castello di Anversa e FM nel 1723: v. *Schmidt-Brentano*, p. 84, la scheda (in catalano) «Coronel Josep Antoni de Rubí i de Boixadors» nel sito «11 Setembre 1714», http://www.11setembre1714.org, *Avvisi*, 7 ottobre, 15 e 18 novembre 1719 (n. 177, 203, 205),

6   [Cossu, Giuseppe], *Della città di Cagliari. Notizie compendiose sacre e profane*, Cagliari, Reale Stamperia, 1780, pp. 135-137; *Campagne*, XVIII, pp. 15-17; *Castellvi*, IV, pp. 604-609.

7   *Campagne*, XVIII, pp. 18-19: Gerba definisce «inetto, se non traditore» il conte di Foncalada per non aver proseguito fino ad Alghero, mostrando di ignorare che in quella stagione sarebbe stato pericoloso affrontare uno stretto burrascoso come quello di Bonifacio.

ottocento dragoni appiedati del reggimento *Hamilton* che Carlo VI aveva parimente ordinato al governatore di Milano, principe di Löwenstein, di mandare in soccorso della Sardegna: partiti il 9 settembre da San Pier d'Arena (località oggi inserita nel comune di Genova) su nove piccoli legni, la tempesta li costrinse a dar fondo in Corsica, dove dovettero rimanere, riuscendo solo, verso la metà di ottobre, a inviare un centinaio di uomini ad Alghero e altrettanti a Castel Aragonese (oggi Castelsardo).

Rimaste isolate, le due fortezze capitolarono rispettivamente il 28 e il 29 ottobre 1717. Governatore di Alghero era Alonso Bernardo de Cespedes e secondo il padre Belando la guarnigione contava almeno quattrocento uomini tra soldati regolari e "*Paysanos*" (la milizia urbana). Secondo lo stesso autore a Castel Aragonese si arresero il governatore marchese Benitez, dieci ufficiali, un ingegnere col suo aiutante e 174 soldati, fra i quali 136 dragoni. Per altra fonte la piazza era comandata invece dal capitano Lucas Manconi, che ne era "castellano"[8].

A partire dall'Ottocento, non rendendosi conto della realtà dei fatti, diversi autori hanno criticato gli spagnoli per aver rimpatriato il grosso del corpo di spedizione invece di attaccare subito il Regno di Napoli. L'improvvisata flotta spagnola aveva compiuto una notevole impresa trasportando in Sardegna l'esercito del marchese di Lede; ma le truppe erano state decimate dalle malattie e ci voleva tempo per rimettersi in buone condizioni. Inoltre prima di procedere a nuove mosse Alberoni doveva aspettare le reazioni di Francia, Gran Bretagna e Paesi Bassi. Venne così a instaurarsi una tregua di fatto, mentre la diplomazia si mise all'opera per una soluzione negoziata. La stasi operativa era favorevole a Carlo VI che non poteva inviare subito consistenti rinforzi in Italia. In un primo tempo egli ordinò di completare gli organici delle truppe stanziate nella penisola, specialmente quelle in Lombardia, poi decise di mandarvi alcuni reggimenti dall'Ungheria, dove sarebbero stati rimpiazzati da quelli di nuova leva che si stavano completando. Il principe Eugenio era contrario a questa idea, facendo notare che «saremmo ben disgraziati, se quei 5. o 6.000 Angioini fossero capaci di pigliarsi Sardegna, Napoli, ed anche Milano tutto insieme»[9] Malgrado ciò, i reggimenti di fanteria *Wetzel, Guido Starhemberg* e *Max Starhemberg* al comando del FML conte Georg Olivier Wallis lasciarono l'Ungheria e si misero quindi in marcia per Fiume dove si sarebbero imbarcati per Manfredonia, giungendovi nel marzo-aprile 1718; il reggimento corazzieri *Hannover*, partito nel marzo 1718, fece invece tutto il cammino via terra, arrivando a Mantova in maggio. Nello stesso mese giunsero a Cremona anche i primi reparti del nuovo reggimento dragoni "capitolato" con il margravio di Anspach.

L'INVERNO 1717-1718 E LO SBARCO SPAGNOLO IN SICILIA

La riluttanza della Gran Bretagna e dei Paesi Bassi a scendere apertamente in campo a fianco dell'imperatore nonché la speranza di poter contare sulla neutralità della Francia incoraggiarono Alberoni a dare il via nel giugno 1718 a una seconda e più grande spedizione con obiettivo la Sicilia, dove la recente sovranità sabauda non era popolare. La possibilità di questa mossa non era esclusa a Vienna, ma si pensava che essa sarebbe stata compiuta in accordo con Vittorio Amedeo II. Questa eventualità aveva condizionato la dislocazione delle truppe austriache, che furono trattenute a difesa della Lombardia. La maggior parte di quelle stanziate nel Regno di Napoli furono invece concentrate presso Napoli e Capua, perché il viceré, FM Daun, temeva soprattutto uno sbarco sulla costa campana, che sarebbe stato appoggiato dalla popolazione, i cui sentimenti filo-spagnoli erano ben noti. In Calabria furono lasciate poche truppe per svolgere una funzione ritardatrice, nell'ipotesi che gli spagnoli vi sbarcassero per avanzarsi verso Napoli.

Si diffidava anche del granduca di Toscana, Cosimo III, per cui da Napoli furono inviati distaccamenti per rafforzare i "Presidi" della costa toscana, in particolare il 6 novembre 1717, quando partirono a quella volta sulle galere 880 uomini, cosicché nell'aprile 1718 finirono per trovarvisi circa 2.200 uomini agli ordini del GFWM Rohr. Nel dicembre 1717 il governatore di Milano inviò 600 uomini nel ducato di Massa-Carrara, seguiti nel marzo 1718 da altrettanti del reggimento *Königsegg* che per qualche mese occuparono Aulla e altre località te-

---

8   Nicolas Belando, *Historia civil de España. Sucesos de la guerra, y tratados de paz, desde el año de mil setecientos, hasta el de mil setecientos y treinta y tres*, II, Madrid, Manuel Fernandez, 1740, pp. 185-187; *Campagne*, XVIII, pp. 20-21.

9   Il principe Eugenio al Consiglio aulico di guerra, 20 settembre 1717, in *Campagne*, XVIII, p. 11 suppl.

mendosi che gli spagnoli sbarcando in Toscana potessero minacciare la Lombardia per la via di Pontremoli[10]. Il 1° luglio 1718 le truppe del marchese di Lede cominciarono a sbarcare presso Palermo e presto, coadiuvate dalla popolazione insorta in armi, occuparono tutta l'isola salvo poche piazzeforti costiere (Siracusa, Trapani, Milazzo, la cittadella di Messina e il castello di Termini Imerese). La notizia dello sbarco giunse l'8 luglio a Napoli, il 10 a Roma, il 13 a Torino, il 16 a Vienna, il 20 a Parigi, il 23 a Madrid ed il 24 a Londra: generale era la convinzione che l'operazione fosse stata eseguita con l'accondiscendenza di Vittorio Amedeo, di cui da tempo si vociferava che fosse segretamente d'accordo con la Spagna, ignorandosi che questi aveva respinto a giugno una tardiva proposta di alleanza fattagli dal cardinale Alberoni, sia per diffidenza, sia per mancanza di truppe, quasi tutte impegnate a presidiare la Sicilia[11].

Non potendo condurre contemporaneamente due guerre, Carlo VI era stato obbligato a intraprendere trattative di pace con gli ottomani, che portarono il 21 luglio 1718 alla stipulazione del trattato di Passarowitz (nome tedesco della città di Požarevac, oggi in Serbia). Già a metà giugno, a trattative ancora in corso, erano partiti dall'Ungheria per l'Italia un distaccamento di artiglieri e il reggimento ussari *Ebergény*, seguiti un mese dopo da sei reggimenti di fanteria (*Anspach, Hessen-Kassel, Baden-Durlach, Browne, Alt-Württemberg, Holstein*) e quattro di corazzieri (*Gronsfeld, Eckh, Sulzbach, Lobkowitz*) cui il principe Eugenio unì anche il reggimento ussari *Esterházy,* poco numeroso, per rafforzare quello di *Ebergény,* alquanto carente in uomini e cavalli[12].

Queste truppe, dovendo percorrere oltre un migliaio di chilometri, non potevano giungere a destinazione prima dell'autunno inoltrato, necessitando inoltre di un lungo periodo di riposo dopo una marcia durata quasi tre mesi. Poiché il sospetto di un'intesa tra Vittorio Ameedeo e gli spagnoli era ormai svanito, il governatore di Milano, principe di Löwenstein, ebbe da Carlo VI l'ordine di inviare a Napoli parte delle sue truppe. Alla metà di agosto i reggimenti *O'Dwyer* (fanteria), *Hannover* (corazzieri) e *Anspach* (dragoni) partirono dalla Lombardia e arrivarono a destinazione verso la fine di settembre attraversando gli Stati pontifici,. Li seguirono poi i corazzieri *Visconti*, partiti i primi di settembre e giunti a Napoli in ottobre. Il grosso della fanteria non si mosse, perché una marcia via terra sarebbe stata troppo lenta e non si poteva organizzare un convoglio fin quando la flotta spagnola aveva il dominio del mare.

Non si ritenne opportuno costituire un esercito apposito per operare in Sicilia, considerandosi invece le truppe destinate a operare nell'isola un distaccamento dell'esercito del Regno di Napoli. In questo modo venne ad avere una grande influenza sulla conduzione del conflitto il «Consiglio di Spagna» con sede a Vienna, nella cui competenza rientrava il Regno di Napoli, questioni militari comprese. Questo organismo era composto in maggioranza di fuoruscisti spagnoli di sentimenti *austracisti*, che vedevano la guerra come continuazione della lotta che li aveva opposti per anni ai sostenitori della casa di Borbone. Diversa la posizione del «Consiglio aulico di guerra», presieduto dal principe Eugenio, per il quale il conflitto era solo un funesto incidente da chiudere al più presto. Il «Consiglio di Spagna» difese accanitamente la "sua" guerra e riuscì facilmente, facendo leva su considerazioni di carattere economico, a convincere Carlo VI a respingere la proposta di formare un esercito separato, che avrebbe fatto capo al «Consiglio aulico». La conduzione delle operazioni militari rimase quindi affidata al viceré di Napoli, FM Daun, che non pose mai piede in Sicilia, mentre come commissari di guerra furono impiegati i magistrati della «Camera della Sommaria», impreparati a svolgere tale ruolo e oberati da altri compiti, con conseguenze negative che si fecero presto sentire[13].

Un altro problema era dovuto alla circostanza che Carlo VI non aveva mai riconosciuto l'acquisizione della Sicilia da parte di Vittorio Amedeo (che i documenti imperiali chiamano sempre "duca di Savoia") per cui da parte sabauda si poteva temere che l'invio di truppe austriache coprisse la volontà di porre piede in Sicilia e

10   I provvedimenti per i "Presidi" in *Campagne*, XVIII, pp. 53-54; per l'invio di truppe in Lunigiana v. *Avvisi*, 19 gennaio 1718 (n. 11), 9 marzo 1718, 16 marzo 1718 (n. 43) e altri.
11   ALBERICO LO FASO DI SERRADIFALCO, *Sicilia 1718 dai documenti dell'Archivio di stato di Torino*, Palermo, Associazione "Mediterranea", s.d., p. 42.
12   Il principe Eugenio all'imperatore (Belgrado, 15 luglio 1718), in *Campagne*, XVIII, p. 33 suppl.
13   Per i due consigli e l'organizzazione dei servizi si rinvia agli appositi capitoli della parte seconda; su Wirich Philipp Lorenz von Daun (1669-1741) v. *L'esercito imperiale*, La fanteria (1), p. 46.

non andarsene più. Vittorio Amedeo comunque il 18 luglio preannunciò al conte Maffei, suo viceré in Sicilia, il prossimo arrivo di rinforzi da Napoli, il cui impiego sarebbe stato regolato da un trattato stipulato col FM Daun[14]. Al momento la questione non aveva molta rilevanza pratica perché in Calabria vi erano solo 1.500 uomini circa sparsi in diverse località: il governatore di Reggio, GFWM Schober, disponeva appena di 600 fanti e per rinforzare il presidio della città dovette far ricorso agli "armigeri" privati di alcuni feudatari filo-asburgici. Nondimeno egli cercò per quanto possibile di aiutare il marchese d'Andorno, comandante della cittadella di Messina, cosa di cui questi non mancò di dargliene atto nella sua corrispondenza con Vittorio Amedeo.

Una corrispondenza da Napoli in data 2 agosto, pubblicata sugli *Avvisi italiani* di Vienna dà notizia dei primi modesti rinforzi: «Giovedì scorso [27 luglio] fù qui tenuto un Consiglio di Guerra, per dar alla Cittadella di Messina quel Soccorso, che si chiedeva dal Comandante della medesima, come anco per mandar gente verso Reggio, acciò havessero fatto colà ostacolo à Nemici in caso d'attacco, onde doppo [*sic*] varii dibattimenti si risolvè di mandare 1.000 Fanti, e 500 Cavalli, il che si eseguì Sabbato [*sic*] mattina, essendo partiti li Fanti sopra 8 Tartane, e 2 Galere, per sbarcare nel luogo che si poteva più vicino à detto Reggio. Li Cavalli partirono la notte antecedente, siche [*sic*] giunti saranno questi, & unitisi alli 700 che sono sotto gli ordini del Comandante di Reggio, faranno 2.200 di Truppe regolate, oltre molta Gente collettizia di quei Presidii, disposta per impedire lo sbarco»[15].

A comandare le truppe concentrate in Calabria fu destinato il FML Wallis, appena arrivato dai Balcani, che giunse a Reggio (Calabria) il 29 luglio 1718 e subito pretese di occupare la cittadella di Messina «per sigurtà delle soldatesche imperiali che si sarebbero, per combattere gli Spagnuoli, tragittate nell'isola: e l'Andorno ebbe a rispondergli che non l'avrebbe ceduta senza ingiunzione positiva del re»[16]. La flotta spagnola dominava le acque dello stretto impedendo l'afflusso di rinforzi alla cittadella ma presto l'arrivo della squadra dell'ammiraglio Byng avrebbe impresso al conflitto una svolta decisiva.

LA RESA DELLA CITTADELLA DI MESSINA[17]

Nel pomeriggio del 1° agosto le navi di Byng diedero fondo nella rada di Napoli, salpandone la sera del 5 agosto con a bordo il FZM barone Wetzel, al quale Daun aveva ordinato di prendere il comando delle truppe che si radunavano in Calabria e farle passare nella cittadella di Messina; la squadra scortava alcune tartane su cui erano imbarcati duemila uomini del reggimento *Wetzel* (2 battaglioni e 2 compagnie di granatieri). Il 10 agosto il generale sbarcò a Reggio (Calabria) ove il 12 si incontrò col marchese d'Entraives, il quale chiese qualche artigliere di rinforzo e un po' di polvere, che gli furono subito mandati[18].

L'arrivo della squadra di Byng aveva segnato una svolta nel conflitto e il marchese non pensava di dover difendersi a lungo. Quando poi si seppe che la flotta spagnola era stata distrutta la cessazione delle ostilità apparve prossima. Il 24 agosto il reggimento *Wetzel* sostituì nella cittadella due battaglioni sabaudi (2° *Fucilieri* meno la

---

14   Vittorio Emanuele Stellardi, *Il regno di Vittorio Amedeo II di Savoia nell'isola di Sicilia dall'anno MDCCXIII al MDCCXIX*, III, Torino: eredi Botta, 1862, p. 380: è quindi infondata l'affermazione che fu l'esito del combattimento di capo Passero a convincere il conte Maffei ad accettare la presenza di truppe imperiali nella cittadella di Messina (cfr. *Campagne*, XVIII, p. 75).

15   *Avvisi*, 24 agosto 1718 (n. 141),

16   Isidoro La Lumia, *La Sicilia sotto Vittorio Amedeo II di Savoia*, 2ª ed., Livorno, Francesco Vigo, 1877, p. 238.

17   L'episodio è narrato da *Campagne*, XVIII, pp. 72-81 in modo tendenzioso, incolpando della resa il marchese d'Andorno; v. invece Alberico Lo Faso di Serradifalco, *I Piemontesi in Sicilia. L'assedio di Messina (luglio-settembre 1718)*. in *Studi Piemontesi*, vol. XXXII, fasc. 2 (dicembre 2003), pp. 473-497, basato sul manoscritto *Rélation du siège de Messina faite par Monsieur. le Marquis d'Entraives* dell'Archivio di Stato di Torino; v. anche Vittorio Emanuele Stellardi, *Il regno di Vittorio Amedeo II*, III, *cit.*, pp. 340-422 e Gaetano Giardina, *Memorie storiche del Regno di Sicilia dall'anno 1718 al 1720*, (*Diari della città di Palermo dal secolo XVI al XIX*, a cura di Gioacchino Di Marzo, vol. XI), Palermo, Luigi Pedone Lauriel, 1873, pp. 172-192.

18   *Avvisi*, 27 agosto 1718 (n. 144). Alberico Lo Faso di Serradifalco, *L'assedio di Messina, cit.*, p. 482; per *Campagne*, XVIII, p. 74 sarebbe lo stesso marchese d'Andorno a essere andato a Reggio, il quale avrebbe detto di ritenere la guarnigione della cittadella sufficiente. Si scrive anche che Wetzel mandò 14 "pezzi", per cui sembra che nella cittadella facessero difetto le artiglierie: è un errore di traduzione, poiché l'originale parla di «einige *Büchsenmeister und Feuerwerker*», qualche cannoniere e artificiere (*Feldzüge*, XVIII, p. 96).

compagnia granatieri e 2° *Hackbrett*)
che passarono a Reggio per riposarsi[19].
Le cose cambiarono aspetto il 27 agosto quando il marchese di Lede, ri-
spondendo all'ammiraglio Byng che
egli aveva proposto di sospendere le
ostilità, si mostrò deciso a continuare
a combattere e l'assedio della cittadella prese nuovo vigore. Il FM Daun
non si preoccupò molto: il 24 agosto
erano partite da Napoli 28 tartane cariche di truppe che dovevano entrare
nella cittadella mettendola al sicuro
da ogni minaccia. Erano 9 battaglioni (2 del reggimento *Alt-Wallis*, 2 *Carl
Lothringen*, 2 *Max Starhemberg*, 1 *Toldo*,
1 *Guido Starhemberg*, 1 *Nesselrode*) e
9 compagnie di granatieri, in tutto
4.000 uomini agli ordini del GFWM Rohr,[20].

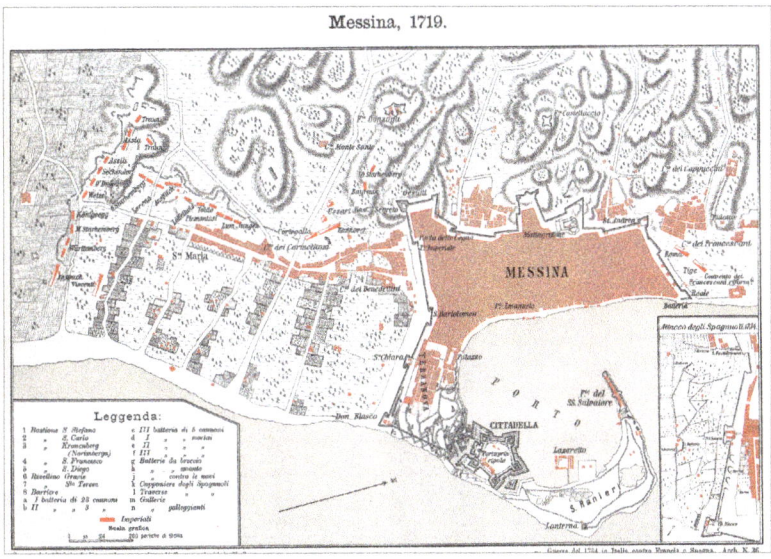

▲ Da *Le Campagne del Principe Eugenio di Savoia*.

Il convoglio arrivò a Reggio (Calabria) il 29 agosto, dove le truppe rimasero, perché il FZM Wetzel, non
volendo sottostare al marchese d'Andorno, non passò con esse nella cittadella, pretendendo invece di agire
indipendentemente. Egli intendeva sbarcare nei pressi di Gàlati, di fronte a Reggio, e quindi marciare su
Messina, mentre il marchese d'Andorno doveva coadiuvarlo operando una sortita: le qualità combattive degli
spagnoli erano sottovalutate e il FM Daun, cui il piano apparve irrealizzabile, non ne permise l'esecuzione.
Anche il FML Wallis, in pessimi rapporti col marchese, rimase sempre a Reggio, facendo solo saltuarie visite
alla cittadella.

Nella fortezza passarono solo poche truppe austriache, cambiate di frequente; anche i rifornimenti di viveri
e munizioni furono sempre mandati a spizzico, malgrado i trasporti marittimi non dovessero ormai temere
alcuna minaccia.

Solo il 16 settembre, il FZM Wetzel, resosi conto che le brecce realizzate dal fuoco nemico erano superabili,
inviò nella cittadella i GFWM Schober e Rohr con 2.000 uomini (Gerba parla solo di 350 granatieri e 1.000
fucilieri). Nella notte fra il 28 e il 29 settembre gli spagnoli, attaccarono di sorpresa le trincee: furono respinti
a fatica e Rohr cadde prigioniero.

Il mattino del 29 i generali Wetzel e Wallis vennero alla Cittadella. Giudicando la situazione insostenibile,
Wetzel disse al marchese d'Andorno che era essenziale non perdere la guarnigione, e che, se anche la piazza
avesse tenuto per altri otto giorni, ciò non sarebbe servito alla causa comune: era pertanto dell'idea di cercare
l'intesa per una capitolazione. Andorno riunì i generali e comandanti di corpo presenti il cui unanime parere
fu che la piazza poteva resistere per qualche giorno, ma che la guarnigione sarebbe stata senza dubbio fatta
prigioniera: il consiglio decise per la capitolazione, che venne accettata dal marchese di Lede, comandante
delle forze assedianti, concedendo alla guarnigione di ripiegare liberamente in Calabria. Il verbale del consiglio di guerra, firmato tra gli altri dal GFWM Schober e dal colonnello Fürstenbuch, mostra che gli ufficiali
austriaci furono concordi nel riconoscere la necessità della resa[21].

19   Per i combattimenti dell'11 agosto 1719 passati alla storia come «battaglia di Capo Passero» si rinvia al volume
II di questa serie. Gerba (*Campagne*, XVIII, p. 75) scrive che il marchese d'Andorno fu persuaso da Wetzel e Wallis ad
accettare queste truppe, mentre egli non fece altro che conformarsi agli ordini ricevuti da Maffei un mese prima.
20   *Campagne*, XVIII, p. 76 non dettaglia la composizione della spedizione: v. anche *Avvisi*, 21 settembre 1718 (n. 158).
21   Il testo in VITTORIO EMANUELE STELLARDI, *Il regno di Vittorio Amedeo II*, III, cit., p. 420. Gerba scrive che
per Wetzel la cittadella era «ancora difendibile, ma trovò il marchese d'Andorno e i suoi ufficiali decisamente risoluti a

Tav. 1 Assalto di fanteria austriaca a fortificazione spagnola.

Il comportamento del marchese d'Andorno fu approvato da Vittorio Amedeo, notoriamente severo con i comandanti di piazza che si erano arresi, tanto da far processare e fucilare il cavalier Marella reo di aver ceduto troppo presto il forte di Castellamare di Palermo. Per i contemporanei era chiaro che la responsabilità della resa ricadeva su Wetzel, al quale Daun tolse il comando delle truppe richiamandolo a Napoli: ancora nel gennaio 1720 il principe Eugenio rinfacciava a Wetzel il suo comportamento di allora[22].

LA BATTAGLIA DI MILAZZO

Con la resa della cittadella di Messina gli austriaci persero la miglior testa di ponte per la conquista della Sicilia: essi dovettero ripiegare su Milazzo, già scelta da Wetzel per concentrarvi le truppe dopo che il suo velleitario piano di sbarco nei pressi di Gàlati era stato respinto. Milazzo, bloccata a partire dal 16 luglio dalla cavalleria spagnola, era presidiata da una guarnigione sabauda comandata dal tenente colonnello Misseglia, che aveva fatto quanto in suo potere per mettere la piazza in stato di difesa.

Il 28 settembre partirono da Reggio, scortate da quattro galee napoletane, diciotto tartane con 4 battaglioni e 4 compagnie granatieri dei reggimenti *Alt-Wallis* e *Carl Lothrigen*, circa 1.300 uomini, e 220 dragoni del reggimento *Tige*; li seguì lo stesso giorno il FML Wallis. Dopo la resa della cittadella di Messina il FM Daun ordinò di concentrare le truppe a Milazzo, lasciando a Reggio solo un distaccamento di 600 fanti di vari reggimenti e un centinaio di dragoni del reggimento *Roma*. Il 4, 10 e 12 ottobre si imbarcarono così altri sette battaglioni dei reggimenti *Max Starhemberg* (due), *Toldo* (uno), *Wetzel* (due), *Guido Starhemberg* (uno) e *Nesselrode* (uno) con le rispettive compagnie granatieri e il resto del reggimento dragoni *Tige*.

Il 10 ottobre il comando fu assunto dal GdC Giovanni Carafa (scritto spesso Caraffa), partito da Napoli l'8 con il FML conte Veterani destinato a comandare la cavalleria. Daun lo aveva scelto perché era il generale con maggior grado e anzianità fra quelli disponibili, ma non era un fulmine di guerra, come ebbe a dimostrare nel 1734 quando comandò le truppe poste a difesa del regno di Napoli invaso dagli spagnoli. I rapporti con il presidio sabaudo erano delicati, perché Vittorio Amedeo non aveva ancora aderito al trattato "della Quadruplice Alleanza" stipulato a Londra il 2 agosto 1718 fra Gran Bretagna, Francia e Impero contro la Spagna: gli austriaci pensavano di assumere il pieno controllo di Milazzo, ma Misseglia non volle cederglielo. Si giunse infine a un accordo, per il quale Carafa ebbe il comando di tutte le truppe ma Misseglia conservò il governo della piazza[23].

Con gli ultimi arrivi vennero a trovarsi a Milazzo circa 6.000 fanti e 300 cavalieri, rendendo critica una situazione alimentare già precaria. Era prevedibile che presto il blocco sarebbe diventato un assedio vero e proprio: reparti di fanteria spagnola stavano affluendo e il 7 ottobre lo stesso marchese di Lede, comandante in capo, era venuto ad accamparsi nel piano di Lemmari poco distante da Milazzo. Il 13 ottobre Carafa convocò un consiglio di guerra che decise all'unanimità di attaccare gli spagnoli all'alba del 15, profittando della presenza di alcune navi che avrebbero sostenuto l'azione dal mare. Nell'attacco dovevano essere impiegate tutte le truppe austriache, salvo il battaglione del reggimento *Nesselrode* non adoperabile essendo gran parte dei fucili andata persa nel tragitto via mare: lo sostituì un battaglione di 300 uomini del reggimento *Saluzzo*, comandato dal maggiore Teodoro Faletti di Barolo.

All'alba del 15 ottobre gli austriaci attaccarono formati su due linee: la prima comprendeva i granatieri a cavallo e due squadroni dei dragoni *Tige*, schierati all'ala destra a contatto col mare; veniva poi il battaglione

---

22   Il principe Eugenio al FZM barone von Wetzel (Napoli), 13 gennaio 1720, in *Campagne*, XVIII, pp. 113-114 suppl., documento trascurato da Gerba.

23   Sull'arrivo di Carafa v. *Avvisi*, 2 e 9 novembre 1718 (nn. 183 e 189): Domenico Barca per una svista scrive che Carafa arrivò a Milazzo l'8 ottobre. Per il trattato "della Quadruplice Alleanza" (denominazione impropria perché i Paesi Bassi non avevano aderito) v. PAOLO ALATRI, *L'Europa dopo Luigi XIV*, cit., pp. 165-166; in *Avvisi*, 5 novembre 1718 (n. 185) è riportato essersi imbarcato a Napoli il 9 ottobre un funzionario incaricato di assumere il governo "politico" di Milazzo. L'accordo raggiunto in ALBERICO LO FASO DI SERRADIFALCO, *Scorci di guerra in Sicilia – Luglio 1718–maggio 1720*, in *Archivio Storico Siciliano*, Ser. 4, vol. 30 (2004), pp. 151-179, in particolare p. 153.

Tav. 2   Granatiere, e Ufficiale reggimento Baden-Durlach.

del reggimento *Guido Starhemberg*. quello di *Toldo*, due di *Wetzel* e due di *Max Starhemberg* colle loro compagnie granatieri; tre squadroni di dragoni *Tige* erano all'ala sinistra. In seconda linea da destra a sinistra i due battaglioni di *Alt-Wallis*, quello di *Saluzzo* e i due di *Carl Lothringen* colle loro compagnie granatieri (più la compagnia granatieri di *Nesselrode* a rinforzo del battaglione di *Saluzzo*); uno squadrone del reggimento *Tige* era in riserva all'ala sinistra. Il FML Wallis comandava la fanteria il FML Veterani la cavalleria (ovvero il solo reggimento *Tige*) mentre il GdC Carafa aveva il comando supremo.

L'artiglieria era costituita da una decina di pezzi, quattro dei quali messi a disposizione dal tenente colonnello Misseglia, tolti alle fortificazioni della città: avendo affusti da piazza erano in posizione fissa. Concorsero all'attacco anche le quattro galere napoletane e una tartana armata in corso, che operarono a sostegno dell'ala destra, mentre la scarsezza di vento immobilizzò alcune navi inglesi.

In un primo tempo gli austriaci apparvero vittoriosi, riuscendo anche a occupare il campo nemico: reputando finita la battaglia molti soldati si dispersero per darsi al saccheggio. Invece il pronto arrivo di rinforzi spagnoli mutò l'esito dello scontro e la ritirata austriaca assunse tutti gli aspetti di una fuga. La battaglia era durata tre ore: gli austriaci ammisero di aver perso 1.247 uomini tra morti e feriti, ma in realtà le loro perdite oltrepassarono i 1.600 uomini, compreso il colonnello Bingen, comandante il reggimento *Alt-Wallis*, gravemente ferito, che morì qualche tempo dopo. I prigionieri furono oltre 250, tra cui il FML Veterani[24].

Per quanto la propaganda imperiale cercasse di sostenere che il 15 ottobre era stata riportata una vittoria, era evidente a tutti che il tentativo di infrangere il blocco spagnolo era fallito. Questa battaglia è quasi dimenticata e spesso se ne scrive con molta imprecisione: secondo Carl A. Schwelgerd (ripreso da Constant von Wurzbach) essa avvenne dopo quella di Francavilla e gli austriaci erano comandati da Mercy; per *Tra i Borboni e gli Asburgo* Milazzo sarebbe stata difesa solo dagli 800 uomini di Misseglia e il 15 ottobre Leyde [sic] avrebbe respinto una colonna imperiale di 6.000 uomini guidata da Caraffa che sarebbe comunque riuscito a rinforzare il presidio[25].

L'ASSEDIO DI MILAZZO

Non fu l'infausto esito della battaglia del 15 ottobre a determinare la sostituzione del GdC Carafa col FZM Zum Jungen. Essa fu decisa prima, quando la notizia della perdita della cittadella di Messina mostrò a Carlo VI quanto fosse sbagliato l'atteggiamento del Consiglio di Spagna, pertinace nel voler condurre una "sua" guerra in opposizione al principe Eugenio e al Consiglio aulico di guerra. Di conseguenza l'imperatore separò le truppe in Sicilia dall'esercito napoletano, affidandone il comando al FZM Hieronymus von Zum Jungen, che trovandosi già in Lombardia potè giungere a Milazzo il 17 novembre. Competente ed energico, egli era uno dei migliori generali austriaci, ma mancava di iniziativa: il principe Eugenio lo riteneva un ottimo secondo, ma inadatto a reggere un comando indipendente[26].

A Milazzo continuavano ad affluire truppe: il 24 ottobre arrivò il reggimento *O'Dwyer* (3 battaglioni e 2 compagnie), poi il resto dei dragoni *Tige*, il reggimento corazzieri *Hannover*, due compagnie di corazzieri *Visconti*, un battaglione del reggimento *Max Starhemberg* e uno di *Wetzel*. Da Siracusa vennero due battaglioni sabaudi (uno del reggimento *Savoia* e uno dei *Fucilieri*) al comando del marchese d'Andorno, dopo un viaggio travagliato dal maltempo. Queste truppe erano destinate alla spedizione in Sardegna, di cui Vittorio Amedeo doveva essere messo in possesso in virtù del Trattato della Quadruplice Alleanza, da lui infine accettato: intanto esse dovevano operare cone ausiliarie dell'esercito austriaco. Misseglia rimase al comando di Milazzo, malgrado

24   Per la battaglia del 15 ottobre v. *Campagne*, XVIII, pp. 87-89 (v. però *Feldzüge*, XVIII, p. 113); Gaetano Giardina, *Memorie storiche*, cit., pp. 214-216; Alberico Lo Faso di Serradifalco, *Scorci di guerra in Sicilia*, cit., p. 154; *L'assedio di Milazzo*, cap. V e app. 2; *Avvisi*, 9 novembre 1718 (n. 189). La lista ufficiale delle perdite austriache in *Avvisi*, 23 novembre 1718 (n. 196); le perdite effettive in *Campagne*, XVIII, p. 89, desunte da documenti del *Kriegarchiv* di Vienna. La notizia della morte di Bingen in *Avvisi*, 24 dicembre 1718 (n. 214).

25   Carl A. Schwelgerd, *Österreichs Helden und Heerführer von Maximilian I auf die neunste Zeit*, II, Grimma, Verlags-Comptoir, 1853, p. 892; *Wurzbach*, XVII (1867), p. 388; *Tra i Borboni e gli Asburgo*, p. 438.

26   Il principe Eugenio al FM conte Daun (Napoli), 15 ottobre 1718 in *Campagne*, XVIII, p. 36 suppl.; v. anche *ibidem*, p. 92.

Tav. 3 Tamburo del reggimento dragoni Hamilton (Dragoni dello Stato di Milano), soldato della Cavalleria di Sardegna (Reggimento Carreras) e ufficiale dei dragoni Hamilton.

che, come tenente colonnello, fosse di grado inferiore al marchese d'Andorno[27].

Mancando di iniziativa Zum Jungen finì per imbottigliarsi nel ristretto spazio della penisola di Milazzo, dove le sue truppe e la popolazione patirono gravi sofferenze. Gli spagnoli non tentarono mai un assalto generale e anche i combattimenti furono rari: ma il bombardamento era continuo, causando uno stillicidio di perdite che abbassò ulteriormente il morale già scosso dei difensori. Era la stagione dell'anno meno propizia alla navigazione e le truppe arrivavano in uno stato pietoso, stanche per la lunga permanenza in un mare spesso agitato e decimate dalle malattie; inoltre parecchi soldati erano rimasti indietro, ricoverati in ospedale o sbarcati qua e là.

Le peggiori vicissitudini furono quelle sofferte dai reggimenti di fanteria *Bayreuth*, *Königsegg*, *Zum Jungen* e *Anspach* mandati via mare dalla Lombardia per risparmiar loro le fatiche di una lunga marcia. Erano circa 6.500 uomini al comando del FML Wachtendonk che salparono da San Pier d'Arena il 26 ottobre a bordo di un convoglio di 37 bastimenti scortati da due navi inglesi e dal vascello napoletano *San Leopoldo*. Il 27, all'altezza di Capo Corso, il convoglio incappò in una tempesta che

▲ *Il barone Johann Hieronymus von Zum Jungen (coll. pri.)*

lo disperse, costringendo le navi a poggiare a Livorno o tornare indietro. Il primo trasporto riuscì ad arrivare a Milazzo il 21 novembre, cui ne seguirono via via altri, ma un gruppo di navi, compreso il *San Leopoldo* su cui era imbarcato il FML Seckendorf, comandante in seconda della spedizione, riuscì ad approdare al porto di Baia (presso Napoli) solo l'11 dicembre dopo essere rimasto in mare un mese e mezzo. Con un altro viaggio travagliato dal maltempo Seckendorf raggiunse infine Milazzo il 25 gennaio e gli ultimi due vi giunsero il 6 febbraio[28].

Causa il maltempo che impediva la navigazione a Milazzo mancavano viveri e materiali di ogni genere. Il 18 gennaio 1719 giunsero sei tartane con farina, biscotto e seicento sacconi di paglia con altrettante coperte per i malati, partite da Napoli tre giorni prima scortate dalle navi *Burford*, *Charles Galley* ed *Essex*; poi anche dalla Calabria vennero imbarcazioni con viveri e altri rifornimenti e la situazione migliorò un poco. Milazzo poté essere tenuta solo grazie al dominio del mare acquisito dalla squadra di Byng a Capo Passero, il cui ruolo nelle successive operazioni fu decisivo: le sue navi erano costantemente impegnate a scortare i convogli austriaci e a sorvegliare le poche navi spagnole sfuggite alla distruzione della flotta. Le "gazzette" dell'epoca registrano puntualmente la cattura di corsari o di imbarcazioni con truppe e rifornimenti che cercavano di raggiungere la Sicilia. Subito dopo Capo Passero il vice ammiraglio Cornwall fu distaccato per scortare a Mahón le navi spagnole catturate e poi tornare a operare contro i corsari di Salé; ai primi di novembre anche il contrammiraglio Delavall partì per tornare in Gran Bretagna. Fu poi persa la nave *Burford*, naufragata presso Reggio nel febbraio 1719[29].

---

27   I rappresentanti di Vittorio Amedeo sottoscrissero il trattato a Londra l'8 novembre: v. PAOLO ALATRI, *L'Europa dopo Luigi XIV*, cit, pp. 199; cfr. *Avvisi*, 30 novembre, 3 dicembre e 24 dicembre 1718 (nn. 200, 202 e 214) e *L'Assedio di Milazzo*, cap. V.

28   Per le vicissitudini del convoglio di Wachtendonk v. *Campagne*, XVIII, pp. 98-99 e il *Diario del Campo* di Milazzo pubblicato in *Avvisi*, 11 febbraio, 22 febbraio, 15 marzo 1719 (nn. 28, 33, 46).

29   *Campagne*, XVIII, pp. 89-90, 100 e *Avvisi*, 15 ottobre 1718 (n. 173), 11 febbraio, 29 marzo, 8, 15 e 19 aprile 1719 (nn. 28, 53, 59, 63, 65) e WILLIAM LAIRD CLOWES, *The Royal Navy. A History from the Earliest Times to the Present*, III, London, Sampson Low, Marston and Company, 1898, p. 310.

Tav. 4 Timballiere del reggimento Corazzieri Hannover.

Le truppe ammassate nella penisola di Milazzo subirono traversie di ogni genere: le piogge continue avevano reso inservibili le tende, non si poteva far cucina né riscaldarsi per mancanza di legna, non vi era paglia nemmeno per dare un giaciglio agli ammalati. A causa del freddo, della pioggia e della penuria di ogni cosa moriva ogni giorno una trentina di soldati. Il 1° dicembre la sola fanteria contava 977 ammalati, divenuti 1.820 alla fine del 1718, quando gli uomini validi erano 8.281. Secondo la nota allegata a una lettera del marchese di Lede del 27 dicembre 1718 la guarnigione contava allora 30 battaglioni: 3 *Guido Starhemberg*, 3 *Max Starhemberg*, 3 *Wetzel*, 1 *Toldo*, 2 *Alt-Wallis*, 1 *Nesselrode*, 2 *Carl Lothringen*, 3 *O'Dwyer*, 2 *Bayreuth*, 3 *Anspach*, 2 *Königsegg*, 2 *Zum Jungen* e 3 sabaudi. La cavalleria era troppa e i cavalli, privi di foraggio, morivano di fame: a dicembre Zum Jungen fece partire per la Calabria 1.200 uomini dei reggimenti *Hannover*, *Tige* e *Visconti*, seguiti nel gennaio 1719 dal grosso dei dragoni *Tige*, restando a Milazzo solo un distaccamento di 300 cavalieri[30].

Il marchese d'Andorno si ammalò quasi subito e morì il 24 marzo 1719 lasciando il comando delle truppe al conte di Viancino; lo stesso giorno morì il GFWM Gravenreuth. Il *Ragguaglio* di Domenico Barca fornisce un quadro dettagliato delle orribili condizioni di vita della popolazione civile durante l'assedio, obbligata a vivere in spazi molto ristretti, perché molte costruzioni che potevano ostacolare la difesa vennero spietatamente demolite. Chiese e conventi furono trasformati in caserme e magazzini mentre la scarsezza di legna indusse i soldati a procurarsene in ogni modo, bruciando i mobili ed estirpando anche le viti.

Il 22 aprile 1719 i rappresentanti di Vittorio Amedeo stipularono a Napoli una convenzione con il FM Daun e l'ammiraglio Byng in base alla quale un mese dopo gli austriaci presero formalmente possesso di Milazzo, restandovi le truppe sabaude fin quando fossero partite per la Sardegna. Con il ritorno della buona stagione la navigazione riprese e la situazione migliorò, permettendo di aumentare la cavalleria facendo ritornare dalla Calabria il reggimento dragoni *Tige* che giunse il 19 maggio[31].

A Napoli si stava concentrando un grosso corpo di spedizione, il cui arrivo era ritenuto prossimo: gli spagnoli lo sapevano e fin dalla metà di marzo avevano cominciato a ritirare cannoni e mortai dalle batterie portandoli a Messina, Palermo e Termini (Imerese). Il 26 maggio il convoglio con queste truppe giunse in vista di Milazzo. Il giorno dopo, alle 10 di sera, gli spagnoli lasciarono il loro campo e ripiegarono a sud verso Castroreale, sicuri di trovare nelle montagne posizioni adatte a una prolungata difesa. L'assedio di Milazzo, durato otto mesi, fu tolto senza sparare un colpo.

L'ARRIVO DI MERCY

Verso il 10 febbraio 1719[32] l'imperatore nominò comandante delle truppe in Sicilia il GdC conte Claude Florimond de Mercy, uno dei migliori collaboratori del principe Eugenio, audace e aggressivo, ma non molto popolare fra le truppe, del cui sangue era piuttosto prodigo. In più era miopissimo, e soggetto ad attacchi epilettici che lo colpivano nei momenti di particolare tensione. Queste deficienze sarebbero però state compensate dal FZM Zum Jungen, che all'arrivo dei rinforzi avrebbe assunto il ruolo, a lui assai più congeniale, di vice-comandante. Come il principe Eugenio chiedeva da mesi la gestione dei fondi destinati alla guerra fu centralizzata istituendo una «Cassa universale di guerra» (*Universal-Kriegs-Cassa*) diretta dal GFWM conte Nesselrode, ma l'incombenza di fornire i viveri destinati alle truppe in Sicilia rimase alle autorità napoletane.

La concentrazione e l'organizzazione del corpo di spedizione furono dirette dal FM Daun, coadiuvato da Mercy giunto a Napoli la sera del 24 aprile. Nel tardo autunno 1718 le truppe provenienti dall'Ungheria erano giunte in Lombardia e, dopo il necessario riposo, la maggior parte si era incamminata per il Regno di Napoli, dove si diressero anche i reggimenti *Ottokar Starhemberg* e *Löffelholz*, partiti dall'Ungheria nel febbraio 1719 e sbarcati a Manfredonia in aprile. Erano destinati ad andare in Sicilia 18 battaglioni di fanteria, 12 compagnie di granatieri, 20 squadroni di corazzieri e 7 di dragoni (comprese 3 compagnie di carabinieri ed una compagnia di granatieri a cavallo che contavano come squadroni), in totale 14.700 fanti e 3.866 cavalieri considerando i

---

30   *Campagne*, XVIII, pp. 96-99; *Avvisi*, 18 gennaio, 8 marzo 1719 (nn. 12, 42); *L'Assedio di Milazzo*, app. VI.

31   *Avvisi*, 28 giugno 1719 (n. 108): *Campagne*, XVIII, p. 110 parla invece dei 600 uomini dei dragoni *Tige* (400 cavalli) e *Roma* (200).

32   *Campagne*, XVIII non precisa quando avvenne la nomina: ma v. *Avvisi*, 11 febbraio 1719 (n. 28)

reparti a pieno organico. In realtà quando il 17 maggio ebbe inizio l'imbarco la fanteria ascendeva a poco più di novemila uomini in 17 battaglioni e 13 compagnie di granatieri:

Reggimento	Btg.	Cp. gran.
Alt-Württemberg	3	2
Holstein	3	2
Hessen-Kassel	3	2
Traun	3	2
Löffelholz	1	1
Toldo	1	1
Seckendorf (già Nesselrode)	1	1
Guido Starhemberg	1	1
Ottokar Starhemberg	1	1

I reparti di *Guido Starhemberg*, *Toldo* e *Seckendorf* facevano parte del presidio di Napoli ma avevano rimpiazzato quelli di *Löffelholz* e *Ottokar Starhemberg* (3 battaglioni e 2 compagnie di granatieri) non ancora arrivati.

Di cavalleria vi erano circa 1.900 uomini (con duemila cavalli) pari a 18 squadroni e mezzo dei reggimenti:

- corazzieri *Visconti*, cinque squadroni e mezzo, meno le due compagnie (tra cui quella di carabinieri) mandate a Milazzo e ora in Calabria);

- corazzieri *Portugal* (già *Gronsfeld*), quattro squadroni, avendo lasciato il resto nel Regno;

- dragoni *Anspach* (o *Brandenburg-Onolzbach*) al completo su sette squadroni.

Vi era anche qualche ussaro, ma il grosso del distaccamento partito dalla Lombardia doveva ancora arrivare. Presso Stromboli dovevano unirsi al convoglio le imbarcazioni con a bordo un migliaio di uomini e cavalli del reggimento di corazzieri *Hannover* e di due compagnie dei corazzieri *Visconti* provenienti dalla Calabria. Il parco d'assedio consisteva in 40 cannoni, 17 colubrine e 7 mortai, ma solo una parte doveva partire col primo convoglio (dieci cannoni d'assedio, otto colubrine, sei mortai e sei cannoni reggimentali da 3 libbre).

Mancavano le bestie da traino e da soma, non reputate necessarie pensandosi di muovere viveri e artiglierie via mare.

«Alli 23 del Cadente [maggio] si levò dal Porto di Baia facendo vela verso la Sicilia, come si scrisse, il grosso Convoglio, che partì di quà [Napoli] il giorno avanti numeroso di 8 Navi da Guerra, 47 da trasporto, 350 Tartane, e circa 100 altri Legni minori»; oltre la fanteria, la cavalleria e il parco di artiglieria vi erano anche un centinaio di artiglieri, «molte Reclute per rimpiazzare li Reggimenti, che sono in Melazzo», «moltissimi Artisti, Cocchieri, Facchini, & altri. ...» e un'ampia dotazione di palle, proiettili e strumenti vari, compresa una fucina da campagna[33].

La scorta era formata dalle navi *Barfleur* (ammiraglia di Byng), *Lennox*, *Orford* (su cui era imbarcato Mercy), *Captain*, *Canterbury*, *Montagu*, *Dunkerque*, *Rupert*. Altre quattro navi (*Kent*, *Royal Oak*, *Ripon*, *Dreadnought*) erano a Pentimele (presso Reggio) per sorvegliare le navi spagnole nel porto di Messina, due (*Guarland* e *Loo* che aveva ripreso le funzioni di nave da guerra) incrociavano tra Genova e Livorno e due (*Superbe* e *Dragon*) facevano rotta per Gibilterra, ove si trovavano *Grafton*, *Rochester* e *Charles Galley*. Il

▲ *Claude Florimond de Mercy (stampa d'epoca)*

---

33   *Avvisi*, 21 giugno 1719 (n. 202). Per la consistenza e il viaggio del corpo di rinforzo v. *Campagne*, XVIII, pp. 113-117 (per un curioso errore di stampa la fanteria viene fatta ascendere a 19.087 uomini invece che 9.087) e gli *Avvisi* di quel periodo. In *De Colpi*, parte 2ª, pp. 2-3 si fanno sbarcare a Patti le forze indicate nei dati ufficiali sui quali si basa anche il *Slagorde van het keizerlijk leger in Sicilië* del Rijksmuseum di Amsterdam.

Tav. 5 Ufficiale Reggimento Wetzel, Granatiere Reggimento Toldo.

26 maggio il convoglio si congiunse con i bastimenti provenienti della Calabria e si diresse alla marina di Patti, dove la mattina del 28 avvenne lo sbarco della fanteria, debolmente contrastato dalle milizie siciliane che vi stavano di guardia. Cavalleria e artiglieria approdarono invece a Milazzo, dove finirono di sbarcare il 30 maggio. Essendosi il marchese di Lede inoltrato col suo esercito nell'interno dell'isola, Mercy poté avanzare incontrastato, entrando il 29 a Barcellona (oggi Barcellona Pozzo di Gotto) insieme a Zum Jungen, venutogli incontro con tutti i granatieri, duemila fucilieri scelti e i 900 cavalieri di cui disponeva.

Il rapido movimento di Lede scombussolò i piani di Mercy che sperava di sorprendere il grosso dell'esercito spagnolo schierato attorno a Milazzo e finire la guerra in un solo colpo. Ora doveva invece valicare i monti e penetrare nell'interno dell'isola, in un terreno sconosciuto, aspro, montuoso e con scarse risorse. Le indispensabili bestie da soma dovettero essere acquistate in Calabria con gran fatica e grossa spesa. In attesa del loro arrivo l'esercito si accampò presso Merì, dove nei giorni successivi affluì da Milazzo la cavalleria: «Fù dunque considerato necessario fermar quivi il Campo per disponere il bisognevole alla prossima marchia, particolarmente riguardo gl'animali per i Bagagli, che fino dalla Calabria si procuravano con le maggiori diligenze»[34].

LA CONQUISTA DELL'ISOLA DI LIPARI

Il forzato indugio a Merì venne sfruttato per assicurare le comunicazioni marittime occupando l'isola di Lipari. Numerosi piccoli corsari di bandiera spagnola, quasi tutti siciliani, ostacolavano la navigazione obbligando le imbarcazioni dirette in Sicilia a navigare in convoglio, sistema lento e dispendioso. Molti di essi erano delle isole Eolie, in particolare di Lipari, i cui abitanti si erano distinti come corsari nella guerra precedente, spingendosi audacemente dentro il golfo di Napoli, nei pressi della città. Un paio di tentativi di sottomettere l'isola con mezzi esclusivamente navali erano falliti, per cui si decise di occuparla.

All'impresa furono destinati 2.700 uomini circa agli ordini del FML Seckendorf ripartiti in:
- dodici compagnie di granatieri (un migliaio di uomini) in due battaglioni di formazione comandati dal colonnello Parisoni e dal tenente colonnello Jenik;
- tre battaglioni provvisori di fucilieri formati con parte delle reclute destinate ai reggimenti di guarnigione a Milazzo, circa 1.500 uomini in tutto agli ordini del colonnello Fritsch e dei tenenti colonnelli Rost e Wallis (da non confondere col generale);
- un distaccamento di 150 cavalieri;
- un piccolo parco di artiglieria composto di due cannoni da 27 libbre, uno da 25, due mortai e un lanciatore di petardi;
- un ingegnere con 4 minatori.

Le truppe furono imbarcate tra il 30 e il 31 maggio su 39 bastimenti da trasporto e 11 feluche per lo sbarco; formavano la scorta i vascelli *Canterbury* e *Dunquerque* agli ordini del capitano Walton e le quattro galee napoletane. Causa il vento contrario il convoglio poté salpare da Milazzo solo la sera del 1º giugno, giungendo a destinazione il mattino del giorno dopo, accolto da alcune cannonate sparate dalla città di Lipari. Lo sbarco avvenne nel pomeriggio del 2 presso Canneto, a circa 2½ km. a nord della città, sotto il fuoco degli isolani appostati sulle alture circostanti. Quando gli austriaci cercarono di avanzare verso l'interno ebbero quasi 70 uomini uccisi o feriti in pochi minuti: ci volle l'intervento dei corazzieri appena sbarcati per costringere i difensori a sgombrare le loro posizioni.

Il 3 giugno tutti i luoghi posti fuori dalle mura furono occupati a poco a poco, malgrado il continuo fuoco d'artiglieria e di moschetteria dei difensori, che fece diverse vittime, tra cui il tenente colonnello Wallis colpito a morte. Nella notte gli austriaci misero in batteria i cannoni e i mortai che verso le 5 di mattina del 4 giugno cominciarono il bombardamento, costringendo ben presto la città ad arrendersi a discrezione. Le truppe regolari, consistenti in 14 ufficiali e 131 soldati spagnoli, 10 artiglieri e 53 soldati siciliani (della compagnia che aveva presidiato l'isola ai tempi del dominio sabaudo) rimasero prigionieri di guerra; i miliziani furono solo

---

34   *De Colpi*, parte 2ª, p. 5; in *Campagne*, I, pp. 116-117 e 122-123 tutto viene fatto derivare da scelte autonome di Mercy.

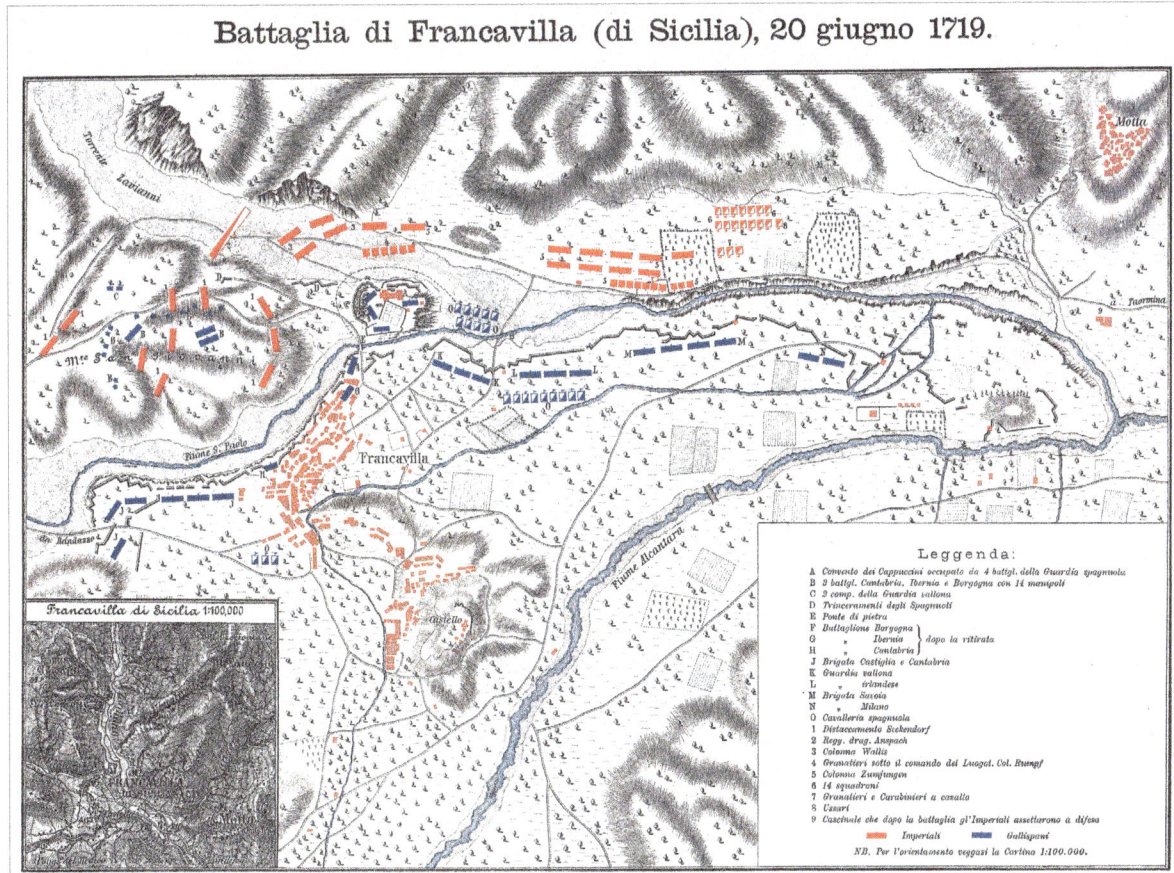

Battaglia di Francavilla (di Sicilia), 20 giugno 1719.

Leggenda:

A Convento dei Cappuccini occupato da 4 battgl. della Guardia spagnuola
B 2 battgl. Cantabria, Ibernia e Borgogna con 14 manipoli
C 2 comp. della Guardia vallona
D Trinceramenti degli Spagnuoli
E Ponte di pietra
F Battaglione Borgogna
G »   Ibernia   } dopo la ritirata
H »   Cantabria
J Brigata Castiglia e Cantabria
K Guardia vallona
L »   irlandese
M Brigata Savoia
N »   Milano
O Cavalleria spagnuola
1 Distaccamento Seckendorf
2 Regg. drag. Anspach
3 Colonna Wallis
4 Granatieri sotto il comando del Luogot. Col. Rumpf
5 Colonna Zumfungen
6 14 squadroni
7 Granatieri e Carabinieri a canallo
8 Ussari
9 Cascinale che dopo la battaglia gl'Imperiali assettarono a difesa

Imperiali   Gallispani

N.B. Per l'orientamento veggasi la Cartina 1:100.000.

▲ Da *Le Campagne del Principe Eugenio di Savoia*.

disarmati e rimandati alle loro case, ma gli isolani persero i loro antichi privilegi. Il grosso della spedizione tornò subito a Milazzo, mentre Seckendorf si trattenne ancora qualche giorno per accettare la sottomissione delle altre isole dell'arcipelago delle Eolie, rientrando il 7, preceduto dai prigionieri e lasciando di presidio a Lipari duecento uomini col maggiore Formentini del reggimento *Seckendorf*[35].

LA BATTAGLIA DI FRANCAVILLA

Il 4 giugno le truppe sabaude lasciarono Milazzo, imbarcandosi per Siracusa. L'8 partì anche la fanteria austriaca arrivando al campo di Merì il giorno dopo: a guarnire la piazza furono lasciati tre piccoli battaglioni (circa 1.000 uomini) e 240 cavalieri comandati dal colonnello Fürstenbuch[36].

Giunto anche il GFWM Roma, i 27 battaglioni, le 23 compagnie di granatieri e i 30 squadroni radunati a Merì furono così organizzati[37]:

35   Per la presa dell'isola v. *Campagne*, XVIII, pp. 117-121 (che abbrevia *Feldzüge*, XVIII, pp. 150-156): v. anche *Avvisi*, 28 giugno e 5 luglio 1719 (nn. 108 e 113). Notizie sui saccheggi operati dalle truppe in *Assedio di Milazzo*, cap. XIV. Una narrazione dei fatti da parte siciliana in Gaetano Giardina, *Memorie storiche*, cit., pp. 221-225 (per una svista la resa si dice avvenuta il 14 giugno).

36   Probabilmente erano unità provvisorie formate complementi appena arrivati. Barca scrive erroneamente che rimase a Milazzo l'intero reggimento *Max Starhemberg* equivocando sul fatto che Fürstenbuch ne era comandante (*L'assedio di Milazzo*, cap. XIV).

37   *Ordine di Battaglia dell'Essercito [sic] Cesareo, e Regio Cattolico, come si trova ora alli 12 Giugno 1719 nel Regno di Sicilia*, pubblicato in *Avvisi*, 12 luglio 1719 (n. 118) e riprodotto in *Campagne*, XVIII, app. 11 (risale in realtà a qualche giorno prima perché i dragoni *Roma* e gli ussari sono detti in arrivo): cfr. *Orden de Batalla del Exército Alemán conforme se hallava el 12 de Junio de 1719 … N° 24* in Marqués de la Mina (Jaime Miguel de Guzmán Dávalos Spínola), *Colección de cuadros y planos sobre la Guerra de Cerdeña y Sicilia*, Biblioteca Nacional. Madrid, mss. Mss/6408. Entrambi i documenti indicano come presenti a

1ª linea FML Wallis	Btg.	Cp. gran.	Sqd.
Fanteria dell'ala destra FML Wallis (col GFWM Diesbach)			
Guido Starhemberg	1	1	-
Löffelholz	1	1	-
Toldo	1	1	-
Holstein	3	2	-
Carl Lothringen	1	1	-
Fanteria dell'ala sinistra FML Wachtendonk (col GFWM principe di Hessen-Kassel)			
Hessen-Kassel	3	2	-
O'Dwyer	1	1	-
Königsegg	1	1	-
Alt-Württemberg	3	2	-
2ª linea FML principe di Holstein-Beck			
Fanteria dell'ala sinistra FML principe di Holstein-Beck (col GFWM Porcia)			
Bayreuth	1	1	-
Zum Jungen	1	1	-
Ottokar Starhemberg	1	1	-
Traun	3	2	-
Fanteria dell'ala destra FML Seckendorf (col GFWM Rohr)			
Anspach	2	2	-
Seckendorf	1	1	-
Alt-Wallis	1	1	-
Wetzel	1	1	-
Max Starhemberg	1	1	-
Cavalleria FML Eck			
Cavalleria dell'ala destra (GFWM Orsetti)			
Corazzieri *Portugal* [1ª linea]	-	-	4
Corazzieri *Hannover* [2ª linea]	-	-	7
Dragoni *Tige* [1ª linea]	-	-	5
Cavalleria dell'ala sinistra (GFWM Lantieri)			
Dragoni *Anspach* [1ª linea] (GFWM Roma)	-	-	7
Corazzieri *Visconti* [2ª linea]	-	-	7

Il 9 giugno arrivarono anche i dragoni *Roma* (5 squadroni) provenienti dalla Calabria e il 12 il colonnello Czugenberg col resto degli ussari partiti da Napoli. Il 10 giugno era giunto al campo di Merì anche l'ammiraglio Byng per concertare con Mercy i futuri movimenti. Come previsto in precedenza, i viveri di riserva e l'artiglieria sarebbero stati trasportati via mare, ma invece di fiancheggiare l'esercito la flotta doveva andare ad aspettarlo all'altezza di Taormina. Le strade da percorrere erano pessime per cui fu giocofòrza accettare il rischio di affrontare il nemico senza cannoni: del resto anche questi li aveva abbandonati per inoltrarsi nell'interno (si scoprì poi che gli spagnoli ne avevano un paio, gli unici due pezzi someggiati di cui disponeva il corpo di spedizione). Le navi di Byng ripresero a bordo l'artiglieria sbarcata a Milazzo; quella attesa da Napoli fu dirottata a Reggio (Calabria) dove doveva restare fino a nuovo avviso. Il 14 arrivarono dalla Calabria gli ultimi muli e cavalli da soma e la sera del 15 giunse anche da Napoli il GFWM Ottokar Starhemberg con un battaglione del reggimento *Löffelholz* e due compagnie di granatieri (una del suo reggimento e una di *Löffelholz*). Mancavano ancora due battaglioni del reggimento *Ottokar Starhemberg* (partiti da Napoli il 14 giugno) ma Mercy decise di mettersi in marcia il 17 giugno.

La mattina di quel giorno lasciarono Merì 28 battaglioni, 25 compagnie di granatieri e 38 squadroni (18 di corazzieri, 17 di dragoni e 3 di ussari) corrispondenti, contando anche gli ufficiali, a 16.785 fanti e 4.364 cavalieri (compresi 361 ussari) con 4.383 cavalli. Le provviste erano sufficienti per dieci giorni soltanto poiché gli animali da soma comprati in Calabria bastavano appena per portare le salmerie reggimentali, L'esercito era diviso in tre colonne con la cavalleria a destra, la fanteria a sinistra, le munizioni e i bagagli nel mezzo; precedeva un'avanguardia al comando del FML Wallis costituita da 19 compagnie di granatieri agli ordini dei colonnelli Merì due battaglioni del reggimento *Löffelholz*, ma soltanto uno era arrivato in tempo a Napoli per imbarcarsi con Mercy.

Neipperg e Parisoni, dai carabinieri e granatieri a cavallo e dagli ussari; il grosso della fanteria (16 battaglioni e 4 compagnie di granatieri) era guidato dal FZM Zum Jungen con i FML Holstein-Beck e Wachtendonk; chiudevano la marcia i dodici battaglioni della 2ª linea e 2 compagnie di granatieri col FML Seckendorf. La cavalleria del FML Eck formava una colonna separata, meno un reggimento (forse *Roma* o *Visconti*) distaccato a scortare il bagaglio. Il terreno accidentato obbligò presto le colonne a frazionarsi e la cavalleria dovette procedere a piedi, conducendo a mano i cavalli.

Dopo una dura marcia ostacolata dai continui attacchi delle milizie siciliane, la mattina del 19 l'avanguardia arrivò a Portella Tre Fontane presso Francavilla, seguita presto dal grosso e verso mezzogiorno dalla retroguardia. Le posizioni spagnole si potevano vedere bene e apparivano molto forti e tali da non potersi prendere senza disporre di artiglieria, che gli austriaci non avevano: ma Mercy, sempre aggressivo, decise di prenderle d'assalto, malgrado diversi generali lo sconsigliassero. Egli sosteneva che solo occupando quelle posizioni l'esercito si sarebbe aperto la comunicazione col mar Jonio e la squadra di Byng; i fatti successivi dimostrarono che non era vero, ma può darsi che Mercy, privo di carte, lo credesse veramente[38].

Un ordine di battaglia esatto dell'esercito austriaco che combatté a Francavilla non pare sia stato mai pubblicato. Si conoscono i reggimenti che presero parte alla battaglia, la loro forza approssimativa (almeno per la fanteria) e le loro perdite, nonché la composizione sommaria dei vari gruppi in cui era ripartito l'esercito e i generali loro assegnati; ma non si può precisare quali battaglioni componessero questi gruppi, né l'esatta articolazione dei comandi, giacché l'ordine di battaglia stabilito a Merì appare essere stato cambiato.

Le relazioni di parte austriaca sono confuse e contraddittorie nel tentativo di mascherare la sconfitta subita: quella ufficiale si discosta tanto dalla realtà dei fatti che perfino Raimund Gerba, autore del volume dedicato alla guerra in Sicilia dal *Kriegsarchiv* di Vienna, per la sua ricostruzione della battaglia preferì basarsi su fonti più attendibili.

La fanteria austriaca era divisa in tre colonne di forze più o meno equivalenti:
- FML Wallis, col GFWM Diesbach, 8 battaglioni della 1ª linea (tra cui tre del reggimento *Alt-Württemberg*) e 11 compagnie di granatieri;
- FZM Zum Jungen, con i FML Wachtendonk e principe di Holstein-Beck, GFWM Ottokar Starhemberg e Rohr, 8 battaglioni della 1ª linea (tra cui due del reggimento *Löffelholz* e tre di *Hessen-Kassel*), 12 compagnie di granatieri e trecento ussari;
- FML Seckendorf, coi GFWM principe di Hessen-Kassel e Porcia, 8 battaglioni (2 del reggimento *Anspach* e uno ciascuno dei reggimenti *Alt-Wallis*, *Wetzel*, *Max Starhemberg*, *Bayreuth*, *Zum Jungen* e *Ottokar Starhemberg*), la compagnia di granatieri del reggimento *Bayreuth* e pochi ussari.

Secondo il piano di Mercy Wallis doveva avanzarsi su Francavilla e assalire il "Monte dei Cappuccini", cioè il centro della posizione spagnola; Zum Jungen, seguita dapprima la colonna di Wallis, doveva poi volgere contro l'ala destra spagnola; Seckendorf doveva avanzare lungo la valle del Zavianni contro la sinistra degli spagnoli. La cavalleria, comandata dal FML Eck coi GFWM Orsetti e Lantieri, doveva restare in riserva dietro le truppe del FML Seckendorf, operando poi, se del caso, nel piano di Francavilla e nella valle del fiume Alcántara. Mercy era con la cavalleria e teneva a sua disposizione 2 battaglioni del reggimento *Traun*. I reggimenti corazzieri *Visconti* e dragoni *Roma*, sotto il comando del GFWM Roma, restavano alla Portella delle Tre Fontane per custodire le salmerie e coprire le spalle dell'esercito insieme a due battaglioni (e forse una compagnia di granatieri)[39].

---

38   *Campagne*, XVIII, pp. 122-124: da questo testo sembra che la decisione di trasportare viveri e artiglierie via mare fosse presa solo allora. I dati dell'esercito alla partenza da Merì corrispondono, per quanto riguarda la fanteria, a quelli dell'app. 12, che riporta le variazioni di forza della fanteria dal 17 al 28 giugno (notare che il titolo è sbagliato); a p. 123 si scrive che Starhemberg arrivò con due compagnie granatieri del suo reggimento, ma questa sembra una svista. V. anche *Diario dal Campo Cesareo* pubblicato in *Avvisi*, 5, 12 e 15 luglio 1719 (nn. 113, 118, 121) e *De Colpi*, parte 2ª, pp. 5-11. La composizione dell'avanguardia in CARL VON STAMFORD, *Das Regiment Prinz Maximilian von Hessen-Cassel im Kriege des Kaisers gegen die Turken 1717-1718 und im Kriege der Quadrupelallianz auf Sicilien 1718-1720*, Cassel, Gustav Klaunig, 1880, p. 152.

39   *Continuatio Diarii von der unter Kommando ... Generalen der Reuterey Heern Grafen von Mercy in Königreich Sicilien stehenden Armee. Aus dem Kaiserl. Feld-Lager bei Francavilla, vom 13. bis 25. Juni 1719*, s.n.t. Traduzione italiana: *Diario dal Campo Cesareo appresso Franca-Villa ... dalli 13 fin'alli 26 di Giugno 1719. contenente l'azzione [sic] seguita frà questi due Esserciti [sic]* in

All'alba del 20 giugno gli austriaci si mossero. Seckendorf scese nella valle dello Zavianni e dopo essersi sbarazzato di alcune milizie siciliane che minacciavano di assalirlo alle spalle, alle 8 del mattino cominciò a risalire le alture occupate dagli spagnoli. Questi opposero una resistenza accanita e Mercy, vedendo Seckendorf in difficoltà, lo rinforzò prima con i due battaglioni di *Traun* che teneva a sua disposizione, poi ordinò a Wallis di appoggiarlo, cosa che questi fece mandandogli il GFWM Diesbach con 6 battaglioni e 6 compagnie di granatieri. Ma solo verso le 4 del pomeriggio l'ala destra spagnola ripiegò combattendo su Francavilla. Verso le 5 del pomeriggio Mercy ordinò alla colonna Zum Jungen, rinforzata dal resto della colonna Wallis di assalire il "Monte dei Cappuccini" e le attigue posizioni del centro spagnolo. Un formidabile fuoco di artiglieria e moschetteria accolse gli austriaci causandogli grandi perdite.

Mercy, che conduceva l'attacco, fu ferito gravemente alle reni e dovette cedere il comando a Zum Jungen. Un contrattacco di fianco dalla destra spagnola scompaginò l'ala sinistra avanzata degli attaccanti, i cui battaglioni dovettero retrocedere per riordinarsi. Erano ormai le 7½ pomeridiane, la notte stava calando e le truppe erano stanchissime, per cui Zum Jungen, con molto buon senso, interruppe il combattimento.

La cavalleria, rimase a lungo inattiva nella valle del torrente Zavianni sotto il tiro dei due cannoni postati sul "Monte dei Cappuccini"; ebbe poi ordine di lasciarvi i dragoni *Anspach* e portarsi all'estrema ala sinistra, spostamento che dovette essere fatto sotto il tiro nemico. I reparti lasciati a protezione delle retrovie ebbero qualche scaramuccia con le milizie siciliane, subendo qualche perdita. Gli austriaci ammisero di aver perso 3.295 uomini, dei quali 846 morti, valutazione sicuramente in difetto. Tra i morti il FML principe di Holstein-Beck e il GFWM Rohr, spirati il 25 e 27 giugno a seguito delle ferite riportate[40].

La propaganda imperiale parlò di vittoria, ma la sconfitta di Mercy era evidente, essendo fallito il tentativo di sloggiare l'esercito del marchese di Lede dalle sue posizioni. La battaglia di Francavilla consistette in una serie di serie di attacchi frontali sferrati nell'errata convizione di non trovare molta resistenza. Ancora una volta i generali austriaci sottovalutarono le qualità combattive delle truppe spagnole (e delle milizie siciliane che le affiancavano). La loro fanteria dovette anche far fronte a un terreno aspro e a un clima torrido, che la obbligò a combattere in veste. La decisione di intraprendere il combattimento fu uno sbaglio, poiché gli avvenimenti successivi dimostrarono che la posizione di Francavilla non impediva affatto la comunicazione con il mare, per cui l'inutile battaglia del 20 giugno 1719 servì solo a rafforzare nel marchese di Lede, nelle sue truppe e nei siciliani il proposito di resistere a oltranza.

L'ASSEDIO DELLA CITTADELLA DI MESSINA

Il 23 giugno arrivò la notizia che il convoglio con i viveri di riserva era giunto all'altezza di Schisò (oggi Naxos) e il giorno dopo il FML Wachtendonk si portò verso quella località con 5 battaglioni e 3 compagnie granatieri (circa 2.500 fanti), i dragoni *Tige* e 200 ussari. Wachtendonk occupò Schisò il 25 giugno e due giorni dopo giunse al campo imperiale il primo convoglio di rifornimenti, che portava anche sei piccoli cannoni reggimentali. Wachtendonk, rinforzato dai dragoni *Roma* e dai micheletti del capitano Torres (catalani disertati dall'esercito spagnolo), fece occupare il 2 luglio Taormina dai reggimenti *Hessen-Kassel* e *Bayreuth*.

Dopo Francavilla la forza combattente dell'esercito austriaco era ridotta a poco più di quindicimila uomini: al 1° luglio 1719 risultavano atti al servizio soltanto 11.679 fanti e 3.449 cavalieri con 3.317 cavalli. Gli austriaci furono agevolati dall'attitudine passiva del marchese di Lede, costretto a rimanere fermo a Francavilla dalla

Avvisi, 15 luglio 1719 (n. 121) e in *De Colpi*, parte 2ª, pp. 14-18. La ricostruzione in *Campagne*, XVIII, pp. 124-128, si fonda su documenti del *Kriegsarchiv* e CARL VON STAMFORD, *Das Regiment Prinz Maximilian*, cit., pp. 152-156 (secondo questo autore alle Tre Fontane, oltre i reggimenti *Roma* e *Visconti*, sarebbero rimasti 3 battaglioni e 3 compagnie di granatieri); ALBERT PFISTER, *Denkwürdigkeiten aus der württembergischen Kriegsgeschichte des 18. und 19. Jahrhundert*, Stuttgart, Carl Grüninger, 1881, pp. 93-97 pubblica la relazione di un testimone oculare; v. anche [THOMAS CORBETT], *An account of the expedition of the British Fleet to Sicily, in the years 1718, 1719, and 1720*, 3ª ed. London, J. and R. Tonson, 1739, pp. 44-47 e GEORGE COCKBURN, *A Voyage to Cadiz and Gibraltar up the Mediterranean up to Sicily and Malta in 1810 & 11*, II, London, T. Harding, 1815, pp. 352-357.

40   *Lista di tutti quelli restati uccisi, ò feriti delli Reggimenti Cesarei in Sicilia nell'Azzione* [sic] *seguita ... appresso Francavilla*, in *Avvisi*, 23 agosto 1719 (n. 146), riprodotta in *De Colpi*, parte 2ª, pp. 19-31. Secondo Gerba invece le perdite ascesero a soli 3.111 uomini (*Campagne*, XVIII, p. 129).

Tav. 6 Dragone, tamburo e ufficiale del reggimento dragoni Roma (napoletano).

necessità di conservare le sue forze, che non era possibile rafforzare in alcun modo. Gli spagnoli e le milizie siciliane potevano solo molestare il traffico che si svolgeva nella valle del fiume Alcántara dove passava la via di comunicazione col mare o le truppe mandate i a cercare viveri e foraggio. Una notevole scaramuccia avvenne il 15 luglio a ovest di Francavilla ove il tenente colonnello Tiedemann con 600 fanti e un centinaio di ussari fu costretto a ritirarsi perdendo 40 uomini tra morti e feriti[41].

Il 28 giugno l'ammiraglio Byng giunse al campo presso Francavilla e fu tenuto un consiglio di guerra che fu unanime nel riconoscere la necessità di avanzare verso Messina. Occorrevano però consistenti rinforzi. Nel corso dell'estate arrivarono da Napoli e Reggio (Calabria) circa ottomila uomini, ma erano perlopiù reclute destinate a rimpiazzare le perdite, convalescenti e soldati che raggiungevano i loro corpi. Solo due battaglioni del reggimento *Ottokar Starhemberg* sbarcati il 4 luglio a Taormina erano veri rinforzi. Mercy chiese i battaglioni dei reggimenti *Guido Starhemberg*, *Carl Lothringen*, *Alt-Wallis* e *Toldo* rimasti nel Regno di Napoli, ma invano, poiché i 6.500 uomini ivi dislocati erano appena sufficienti a mantenere l'ordine interno. Un aiuto venne dal viceré sabaudo Maffei, ancora a Siracusa, che inviò due battaglioni (uno del reggimento *Fucilieri* e uno di svizzeri *Hackbrett*) i quali sbarcarono a Schisò il 6 luglio.

In base alla convenzione di Vienna del 29 dicembre 1718 l'imperatore Carlo VI si era impegnato a porre a disposizione di Vittorio Amedeo di Savoia un corpo di 6.500 fanti e 600 cavalieri per la riconquista della Sardegna, il cui allestimento era cominciato nel maggio dell'anno seguente, formandolo con truppe tratte dai presidi della Lombardia e destinando a comandarlo il FML Bonneval. Dopo la battaglia di Francavilla la progettata spedizione in Sardegna, fin quando la Sicilia non era interamente conquistata, apparve uno spreco di forze. Mercy ottenne così che il corpo del FML Bonneval fosse unito al suo esercito, ma questi rinforzi, per quanto cospicui, non sarebbero arrivati prima di molti mesi. Ai primi di settembre partì la cavalleria, formata dal reggimento corazzieri *Lobkowitz* e dal resto degli ussari *Esterházy*, per raggiungere Napoli via terra e poi imbarcarsi per la Sicilia. Il convoglio con la fanteria sciolse le vele da Vado (Ligure) il 28 settembre scortato dall'ammiraglio Byng con sei navi della sua squadra. Erano nove battaglioni: 2 di *Baden-Durlach*, 2 di *Browne*, 2 di *Langlet*, 1 di *Luccini*, 1 di *Laimpruch*, 1 di *Gyulai*). L'artiglieria salpò da San Pier d'Arena due settimane dopo[42].

Trascorse due settimane di stasi operativa dovuta all'aggravarsi delle condizioni di Mercy (portato a Reggio per curarlo meglio), la notte fra il 15 e il 16 luglio l'esercito si mise in marcia al comando del FZM Zum Jungen. Arresosi il 17 luglio il castello di Sant'Alessio (oggi Sant'Alessio Siculo) e abbandonata dagli spagnoli Scaletta (Zanclea), l'esercito procedette senza ostacoli lungo la marina, giungendo il 20 luglio in vista di Messina, sempre affiancato dalla flotta e dai trasporti. La scarsità di forze obbligò però gli austriaci a sgomberare quasi tutte le posizioni occupate, evacuando anche Taormina[43].

Il 22 luglio il FML Wallis prese posizione con un distaccamento di 1.500 uomini di fronte al forte Gonzaga, il principale dei castelli di Messina. L'artiglieria d'assedio partita via mare da Milazzo era stata sbarcata a Reggio (Calabria) dove l'aveva raggiunta la parte rimasta a Napoli. Il 25 luglio essa ricevette ordine di passare lo stretto e tre giorni dopo le prime batterie aprirono il fuoco. Il forte Gonzaga si arrese il 6 agosto e la sera stessa cominciò il bombardamento dell'abitato, gettando nel panico la città che si arrese la mattina dell'8. La guarnigione spagnola si ritirò nella cittadella e nei castelli di Mattagrifone e Castellaccio che, investiti l'11 agosto, si arresero tre giorni dopo; gli spagnoli l'11 agosto evacuarono Torre Faro e ritirarono le batterie che impedivano l'accesso alla rada detta «Paradiso» dove si ancorarono subito la flotta e i trasporti.

---

41   *Campagne*, XVIII, pp. 129-131; GAETANO GIARDINA, *Memorie storiche*, cit., pp. 219-220; *Diario dal Campo Cesareo…* in *Avvisi*, 15 luglio 1719 (n. 121), 26 luglio 1719 (n. 127), 9 agosto 1719 (n. 136) e 23 agosto 1719 (n. 146), riprodotto in *De Colpi*, parte 2ª, pp. 32-50; v. anche FRANCESCO MUSCOLINO, *Taormina, 1713-1720: la «Relazione istorica» di Vincenzo Cartella e altre testimonianze inedite*, 2009, Palermo, Edizione elettronica a cura della redazione di *Mediterranea. Ricerche storiche*, pp. 17-30. Per l'arrivo di rinforzi v. *Campagne*, XVIII, pp. 131-133 (che abbrevia *Feldzüge*, XVIII, pp. 166-169).

42   ALBERICO LO FASO DI SERRADIFALCO, *Scorci di guerra in Sicilia*, cit., p. 165; *Campagne*, XVIII, pp. 93, 144-147; v. anche *Avvisi*, 31 maggio, 14 giugno, 4 ottobre e 1 novembre 1719 (nn. 90, 98, 173 e 192). Con la fanteria partirono circa 900 soldati tedeschi provenienti dal servizio veneto, da ripartirsi nei reggimenti che erano in Sicilia e altri 800 che andavano a raggiungere i loro corpi (*Feldzüge*, XVIII, p. 186).

43   *Diario dal Campo …* in *Avvisi*, 23 agosto 1719 (n. 146). Taormina fu evacuata il 17-18 luglio: FRANCESCO MUSCOLINO, *Taormina, 1713-1720*, cit., p. 32.

La direzione dell'assedio della cittadella fu affidata al FZM Zum Jungen, coadiuvato dal GFWM Schmettau che comandava gli ingegneri e dal colonnello Molck comandante l'artiglieria. I FML Wallis, Wachtendonk e Seckendorf, con i GFWM Principe di Hessen-Kassel, Des Portes (sabaudo) e Ottokar Starhemberg, si alternavano ogni 48 ore al comando delle truppe dislocate nelle trincee, che vi prestavano servizio a turni di 24 ore. Durante l'assedio anche i due battaglioni sabaudi dei reggimenti *Fucilieri* e *Hackbrett* fecero i loro turni nelle trincee, subendo anche qualche perdita, mentre una dozzina di cannonieri sabaudi serviva col parco d'assedio[44].

Il GdC Mercy (che il 24 luglio era tornato a riprendere il comando) restava col grosso delle truppe a difendere le retrovie nel caso di un attacco che però non avvenne mai. Alla fine di agosto l'esercito spagnolo lasciò Francavilla spingendosi a Rometta, 20 chilometri da Messina, ma non attaccò e il 21 settembre ripiegò. Si ebbero invece continui scontri con le milizie siciliane, sostenute da qualche drappello spagnolo, che alla metà di agosto tentarono (invano) di sopraffare il presidio del castello di Sant'Alessio, spingendosi fin sotto Messina. Gli austriaci reagirono con durezza, facendo terra bruciata nei territori considerati "ribelli" e impiccando i miliziani catturati.

Il 10 ottobre si unì all'esercito la fanteria del corpo Bonneval, giunta in Sicilia dopo un viaggio travagliato, avendo incappato il 30 settembre in una tempesta che sparpagliò il convoglio che la trasportava. Queste truppe arrivarono in tempo per prendere parte al fallito assalto del 17 ottobre. Il giorno dopo i difensori, avendo esaurito le munizioni, capitolarono, ottenendo di poter lasciare liberamente la cittadella a bandiere spiegate e tamburo battente, imbarcandosi il 20 ottobre per Catania con armi e bagagli. L'assedio della cittadella si rivelò più difficile del previsto e le perdite degli austriaci furono gravi: particolarmente sanguinosi furono i falliti assalti dell'8 ottobre (171 morti e 567 feriti) e del 17 ottobre (125 morti e 598 feriti). In totale le perdite furono 5.163 (898 morti e 4.265 feriti), più della forza del presidio spagnolo[45].

LE OPERAZIONI NELLA SICILIA OCCIDENTALE

A metà ottobre l'esercito austriaco ascendeva a circa 22.000 fanti e 3.500 tra corazzieri, dragoni e ussari, ai quali bisognava aggiungere 850 fanti sabaudi, gli artiglieri, i non combattenti e diverse migliaia di animali da tiro e da soma. Nei magazzini stabiliti a Messina, Milazzo, Reggio (Calabria) e Tropea si trovavano scorte di frumento, farina e biscotto al massimo per due mesi mentre il foraggio era tanto scarso che il 10 novembre Mercy fu costretto a far passare in Calabria la maggior parte della cavalleria. La situazione alimentare venne poi aggravata dall'arrivo del convoglio con l'artiglieria del corpo Bonneval e 600 soldati rimasti indietro; la cavalleria, giunta a Napoli dopo aver fatto il cammino via terra, andò direttamente a Trapani.

Dal Regno di Napoli, travagliato dalla carestia, rifornimenti non se ne potevano avere. Gli intrighi del Consiglio spagnolo avevano portato al richiamo del FM Daun, sostituito come viceré prima dal conte Gallas e, dopo la sua improvvisa morte, dal cardinale Schrattembach. Entrambi trascurarono le necessità delle truppe in Sicilia, dove ben presto la situazione alimentare divenne critica: i soldati, spinti dalla fame, saccheggiavano e facevano terra bruciata in una zona già devastata da mesi di continua guerra[46].

Mercy risolse di trasferire il centro delle operazioni nella Sicilia occidentale, rimasta fino allora praticamente indenne dal conflitto e centro della produzione granaria dell'isola. Ivi era situata la maggior parte dei «caricatoi», i depositi costieri dove veniva ammassato il cereale destinato a essere esportato, i principali dei quali erano Mazara (oggi Mazara del Vallo), Sciacca, Siculiana, Girgenti (oggi Porto Empedocle), Licata e Terranova (oggi Gela), tutti posti lungo la costa meridionale dell'isola[47]. In passato la decisione di Mercy appariva

---

44   Per l'assedio di Messina e della sua cittadella v. *Campagne*, XVIII, pp. 135-143 e 148-151; GAETANO GIARDINA, *Memorie storiche*, cit., pp. 228-241; *Diario dal Campo Cesareo...* in *Avvisi dal 30 agosto al 4 novembre 1719* (nn. 151, 158, 165, 175, 180, 183, 191, 196), riprodotto in *De Colpi*, parte 2ª, pp. 49-105. Corbett favoleggia di uno sbarco di granatieri inglesi che avrebbero preso Torre Faro: [THOMAS CORBETT], *An account*, cit., p. 60.

45   *Campagne*, XVIII, p. 150; la *Tabella dei morti e feriti nell'assedio dal 22 luglio al 18 ottobre 1719* pubblicata in *De Colpi*, parte 2ª, pp. 112-128, fa ascendere le perdite a 5130 (878 morti e 4252 feriti).

46   *Campagne*, XVIII, pp. 156-157; *Assedio di Milazzo*, cap. XX.

47   Il «caricatoio» di Girgenti non va confuso con la città omonima (oggi Agrigento) di cui costituiva lo sbocco al mare. Sui caricatoi v. ANTONINO BLANDO, *I porti del grano siciliano nel XVIII secolo*, in *MEFRIM 120/2 – 2008*, pp. 521-540.

Tav. 7 Moschettiere e tamburo del reggimento fanteria Brown.

incomprensibile, essendo diffusa la convizione che dopo il XVI secolo la Sicilia avesse cessato di essere un grande produttore di grano: si cercava quindi di spiegarla con motivi strategici più o meno fondati. Ferdinand Braudel ha invece dimostrato che fino al XVIII secolo l'esportazione di grano siciliano era importante come in passato; lo stesso Mercy conferma che la sua mossa era dovuta alla mancanza di viveri, scrivendo al principe Eugenio di voler «far massa a Trapani per impossessarsi di un tratto di paese, da cui potesse procacciarsi la sussistenza, impiantare un magazzino, e finalmente assediare Palermo o costringere il nemico a battaglia decisiva»[48].

Il primo convoglio salpò da Messina il 23 novembre: secondo documenti d'archivio dovevano partire 7.455 fanti (14 battaglioni: uno *Wetzel*, tre *Hessen-Kassel*, due *Max Starhemberg*, due *Königsegg*, due *Löffelholz*, due *Zum Jungen*, due *Anspach*), 252 ussari con 288 cavalli e 233 uomini d'artiglieria con 81 cavalli, in tutto 7.940 uomini e 369 cavalli dei quali però 1.154 uomini di fanteria rimasero indietro perché in ospedale o distaccati fuori Messina. Vi era anche un numero imprecisato di cannoni (compresi alcuni pezzi d'assedio).

La spedizione era al comando del FZM Zum Jungen coadiuvato dal FML Seckendorf e dai GFWM principe di Hessen-Kassel, Portia e Schmettau. Questi generali erano tutti protestanti, probabilmente perché Mercy aveva colto l'occasione per allontanarli ed evitare il rischio che potessero suscitare incidenti con la popolazione. L'affermazione di Corbett secondo cui Mercy volle una «spedizione protestante» per compiacere Byng è una delle tante affermazioni propagandistiche che infarciscono quel libro. Il 27 novembre, dopo una navigazione priva di incidenti, il convoglio arrivò a Trapani, rimasta sempre in mani sabaude. Il governatore Luserna di Campiglione accolse bene le truppe austriache, che accamparono fuori città e verso il 7 dicembre furono ammesse nel castello, ove affiancarono il presidio sabaudo.

Successivamente salparono da Messina battaglioni di *Browne*, *Diesbach*, *Gyulai*, *Carl Lothrigen*, *Guido e Ottokar Starhemberg*, *Alt-Württemberg*, i corazzieri *Hannover* e *Portugal* ritornati dalla Calabria, parte dei dragoni *Tige*, altra artiglieria e diversi complementi giunti da Napoli. Li comandavano i GFWM Lantieri e Ottokar Starhemberg. Le tempeste dispersero questi convogli e le ultime truppe arrivarono a Trapani ai primi di gennaio 1720, salvo quelle imbarcate a bordo di due tartane catturate dagli spagnoli. Il viaggio dei corazzieri *Lobkowitz* partiti da Napoli fu invece senza incidenti[49].

I movimenti delle truppe erano ostacolati dal maltempo. Una pioggia incessante aveva mutato i torrenti in fiumi rovinosi e reso impraticabili le poche strade. Zum Jungen si limitò a mandare via mare piccoli distaccamenti per occupare località sottomessesi spontaneamente, come Marsala (i cui delegati furono i primi ad arrivare il 29 novembre), Mazara (4 dicembre) e le isole Egadi (8 dicembre). A Trapani i viveri cominciarono presto a scarseggiare, ma il verificarsi di una carestia venne scongiurato dall'arrivo da Tunisi di alcuni convogli carichi di grano comprato con denaro anticipato dall'ammiraglio Byng.

Gli spagnoli avevano bloccato la città per 16 mesi con un paio di reggimenti di cavalleria coadiuvati dalle milizie locali. Alla notizia dello sbarco degli austriaci il marchese di Lede si mise in marcia, lasciando nella parte orientale dell'isola solo 4.000 uomini circa. L'esercito spagnolo si mosse rapidamente e prima del 10 dicembre era a 30 km. da Trapani, attestato sulla linea Calatafimi-Salemi-Castelvetrano con forze valutate dagli austriaci a 26 battaglioni, 4 reggimenti di cavalleria e 2 reggimenti di dragoni. Considerati il tempo pessimo e il terreno difficile questo spostamento fu una vera impresa, resa possibile dal concorso degli abitanti, che si prodigarono in ogni modo per agevolare la marcia delle truppe. Zum Jungen si aspettava un attacco, ma Lede non si mosse, trattenuto come sempre dalla necessità di conservare le sue forze. Agli spagnoli la popolazione locale appariva infida (al contrario di quella della Sicilia centro-orientale) ed essi operarono razzie per requisire grano, bestiame e altri viveri nei luoghi che si erano assoggettati a Carlo VI o si consideravano propensi

---

48   Lettera di Mercy al principe Eugenio del 13 dicembre 1719 in *Campagne*, XVIII, p. 167; FERNAND BRAUDEL, *Civiltà e imperi nel Mediterraneo nell'età di Filippo II*, 5ª ed., I, Torino, Einaudi, 2002. pp. 624-627.
49   *Campagne*, XVIII, pp. 160-162: le cifre includono probabilmente anche gli ufficiali, ma bisogna aggiungervi il personale di stato maggiore, gli impiegati civili, i servitori e i cavalli degli ufficiali. Per la «spedizione protestante» cfr. [THOMAS CORBETT], *An account*, cit., p. 76. Secondo *Wrede* (I, p. 285) un solo battaglione del reggimento *Max Starhemberg* andò nella Sicilia occidentale. Per i successivi arrivi v. *Campagne*, XVIII, pp. 164-165 e ALBERT PFISTER, *Denkwürdigkeiten aus der württembergischen Kriegsgeschichte, cit.*, p. 111.

a farlo. Il 2 gennaio Zum Jungen mandò verso Mazara 300 cavalieri per impedire le scorrerie spagnole; il 13 partì il FML Seckendorf con 2.000 fanti e altri 300 cavalieri per scortare un carico di grano diretto a Marsala, rientrando al campo il 16 gennaio.

Le condizioni del mare erano proibitive e solo il 10 gennaio 1720 Mercy potè cominciare l'imbarco delle ultime truppe dirette a Trapani (6.000 fanti in 10 battaglioni, 600 cavalieri e un parco di artiglieria). La cavalleria era formata da distaccamenti dei corazzieri *Visconti* e dei dragoni *Tige* e *Anspach*, mentre la composizione della fanteria è ignota, facendone forse parte anche i due battaglioni sabaudi *Fucilieri* e *Hackbret* dei quali è nota la presenza nella Sicilia occidentale. Dopo un primo tentativo il 14 gennaio, quando lo stato del mare costrinse le navi a rientrare, il convoglio salpò il 20 da Messina scortato da Byng in persona con alcune sue navi ma, com'era prevedibile, fu disperso dalle burrasche. L'ammiraglia *Barfleur* (con Mercy a bordo) e un'altra nave da guerra inglese raggiunsero fortunosamente Trapani il 29 gennaio, ma le altre imbarcazioni arrivarono tra il 4 e il 5 marzo avendo perso quasi metà delle truppe imbarcate falcidiate dalle malattie, che avevano colpito anche il FML Wachtendonk morto pochi giorni prima dell'arrivo[50].

Da allora nella Sicilia orientale si ebbero solo scaramuccie di scarso rilievo. Partendo, Mercy aveva affidato il comando *ad interim* al FML Wallis. Nel gennaio 1720 erano di stanza a Messina i reggimenti *Toldo* (1 battaglione), *Alt-Wallis* (1), *Luccini* (1), *Diesbach* (1), *Laimpruch* (1), *O'Dwyer* (2), *Ottokar Starhemberg* (1) e *Traun* (3), circa 6.000 uomini in tutto compresi 579 distaccati a Taormina e Castel Mola rioccupate il 10 dicembre. A Milazzo erano i due battaglioni di *Bayreuth* e quello di *Seckendorf*, con un distaccamento di 100 uomini a Lipari. La cavalleria consisteva nei dragoni *Roma* e pochi ussari[51].

Il marchese di Lede aveva saputo della caduta di Alberoni ed era facile prevedere che presto Filippo V avrebbe finito per accettare le richieste degli alleati evacuando Sicilia e Sardegna. Il 3 febbraio egli contattò Mercy proponendogli un armistizio di 6 settimane e l'evacuazione dell'isola, proposta che non venne accolta soprattutto per l'opposizione dell'ammiraglio Byng il quale non voleva che l'esercito spagnolo lasciasse l'isola prima della pace, temendo potesse essere impiegato contro i francesi, che avevano invaso il nord della Spagna per costringere Filippo V ad accettare le condizioni della Quadruplice Alleanza[52].

Mercy ordinò subito di impadronirsi dei «caricatoi» della costa meridionale, ma le continue pioggie fecero rinviare l'inizio delle operazioni. Il 17 febbraio il FML Seckendorf con un distaccamento di 300 cavalieri lasciò il campo diretto a Sciacca, trovandola difesa da circa 400 soldati muniti di artiglierie e sostenuti dai 300 uomini della milizia urbana; tornato il giorno dopo Seckendorf «riferì, ch'egli havesse bensì dalla Cavalleria seco havuta fatta investire quella Città, ma osservato anco che la medesima non potesse essere superata senz'Artiglieria: laonde si mandò subito ordine à Mazzara [sic] di mandare verso detta Siacca con ogni prestezza 4 Colubrine, e due Mortari, di quell'Artiglieria statavi mandata da Trapani; e da questo Campo s'istradarono per Siacca [sic] medesima 2.000 Fanti, e qualche rinforzo di Cavalleria». Le artiglierie mossero via terra ma sia la necessità di riadattare le strade, sia il maltempo ne ritardarono l'arrivo, per cui l'assedio potè cominciare solo il 4 marzo e due giorni dopo la città capitolò. Seckendorf fece occupare anche i «caricatoi» di Girgenti (20 marzo) e Siculiana (21 marzo); il «caricatoio» di Terranova (Gela) rimase invece in possesso degli spagnoli, ma era troppo lontano perché potesse essere utile alle truppe del marchese di Lede. Nel corso di tali operazioni il 20 vi fu a Ribera un aspro scontro con la cavalleria spagnola e le milizie siciliane[53].

---

50   *Campagne*, XVIII, pp. 164-165 e 167, non precisandosi né la composizione della fanteria né l'entità dell'artiglieria; v. anche *Avvisi*, 28 febbraio 1719 (n. 37). La morte di Wachtendonk in *Avvisi*, 10 aprile 1720 (n. 62).
51   Per Wallis v. *Avvisi*, 28 febbraio 1720 (n. 37). Il comando sarebbe spettato al FML Bonneval, superiore per anzianità, pure a Messina ma di cui si ignora l'incarico: Gerba scrive che questi lasciò la Sicilia alla fine del 1719 senza farvi più ritorno (*Campagne*, XVIII, pp. 146-147), ma è smentito dagli *Avvisi*, 22 e 29 maggio 1720 (n. 86 e 92). Situazione del 1° gennaio 1720 in *Campagne*, XVIII, p. 166: la dislocazione indicata a p. 160, mai attuata, deriva da un vecchio progetto che prevedeva l'evacuazione sabauda di Siracusa, dove erano destinati 4 battaglioni. Per la rioccupazione di Taormina e Castel Mola v. *Feldzüge*, XVIII, p. 208 (solo un cenno in *Campagne*, XVIII, p. 164).
52   [THOMAS CORBETT], *An account*, cit., p. 77 (v. il volume II di questa serie).
53   *Campagne*, XVIII, pp. 170-172 e *Avvisi*, 23 marzo, 10 e 17 aprile 1720 (nn. 52, 62, 67). Secondo la versione di parte spagnola (ripresa nel volume II di questa serie), l'assedio di Sciacca avrebbe avuto inizio il 17 febbraio e la resistenza sarebbe durata 21 giorni: [THERESIUS VON SECKENDORFF], *Versuch eines Lebensbeschreibung des Feldmarschalls Grafen von Seckendorff*, I, s.l., s.e., 1792, p. 153, liquida l'episodio in poche righe. Per chiarire i fatti sarebbe necessaria una cronaca

Tav. 8 Tamburo del reggimento dragoni Tige (ricostruzione).

▲ *Un reggimento di dragoni in esercitazione* (Collezione privata).

LA MARCIA SU PALERMO E L'ARMISTIZIO

Il 12 febbraio Mercy lasciò Trapani con le truppe disponibili e il 14 si accampò presso Castelvetrano, che gli spagnoli avevano evacuato senza combattere ripiegando su Alcamo. Il 16 fu occupata anche Salemi, ma le continue pioggie impedirono operazioni di rilievo. Il 3 e 4 marzo arrivarono finalmente a Trapani i trasporti con le truppe imbarcate a Messina, ridotte in condizioni pietose dopo quarantacinque giorni passati in mare: malgrado avessero bisogno di un lungo periodo riposo esse furono chiamate quasi subito al campo di Castelvetrano, dove giunsero il 17 marzo. Alla fine del mese sbarcò a Trapani anche la cavalleria rimasta in Calabria. La sera del 20 marzo giunse al quartier generale di Mercy l'ammiraglio Byng, che veniva da Napoli con la notizia dell'adesione di Filippo V alla Quadruplice Alleanza, sottoscritta all'Aia dai suoi rappresentanti il 17 febbraio; il 23 e 24 marzo si ebbero nuovi contatti con il marchese di Lede e il 25 giunse da Vienna un ufficiale latore delle istruzioni dell'imperatore e il permesso scritto a Mercy di poter concludere un armistizio. Infine il 2 aprile si ebbe l'incontro tra Mercy, Lede e Byng nel feudo «chiamato il Rosignolo» (oggi "contrada" di Calatafimi), ma non si poté giungere a una sospensione delle ostilità. Ciascuna delle due parti diede all'altra la colpa dell'esito infruttuoso del colloquio. Mercy fece diramare in tutta l'isola un manifesto in cui accusava il marchese di Lede di prolungare la guerra per maggior danno e rovina del regno. Sembra invece che il responsabile del fallimento delle trattative fosse lui che, attribuiva a Lede secondi fini che questi non aveva, aveva scambiato il concentramento spagnolo ad Alcamo (dovuto a semplici necessità difensive) come il prodromo di un'offensiva. Fu invece Mercy a intraprendere un'offensiva contro Palermo, malgrado la mancata conclusione di un armistizio fosse dovuta a mere questioni di dettaglio e il marchese di Lede, considerando inevitabile dover presto evacuare Sicilia e Sardegna, avrebbe comunque evitato di essere coinvolto in grossi scontri. La decisione di Mercy appare incomprensibile. Raimondo Gerba non ne spiega i motivi, accennando vagamente a istruzioni giunte da Vienna; Corbett, al solito, vuol fare credere che fossero gli interessi britannici a dettare le mosse del generale austriaco, attribuendo all'offensiva lo scopo di permettere alla squadra di Byng e ai trasporti di spostarsi a Palermo, lasciando la rada di Trapani, che lui dice poco sicura[54]. Mercy era sicuramente spinto dal suo sconsiderato spirito offensivo, ma forse anche dalla necessità di tenere impegnati i suoi soldati, che lasciati oziosi potevano cercare di rifarsi delle privazioni subite a spese della popolazione locale, di cui era opportuno cattivarsi il favore mostrando essa sentimenti filo-austriaci (anche se probabilmente solo per opportunismo). Gerba non reperì nel *Kriegsarchiv* di Vienna alcun documento che riportasse la composizione dell'esercito austriaco e pubblicò una tabella pervenutagli da Berlino, intitolata «Ordre de Bataille dell'Armata di Sua Maestà Imperiale e Cattolica in Sicilia, quando da Castelvetrano marciò al nemico, li 5 aprile 1720», Per essa Mercy disponeva di 31 battaglioni, 33 compagnie granatieri e ben 41 squadroni di cavalleria (contando contemporanea di quanto avvenne a Sciacca e dintorni che non pare sia stata pubblicata.

54   *Campagne*, XVIII, p. 174 e [THOMAS CORBETT], *An account, cit.*, p. 80.

però come squadroni le compagnie di ussari):

1ª linea FML Seckendorf	Btg.	Cp. gran.	Sqd.
Fanteria dell'ala destra GFWM Tarma (?)	1	2	-
Guido Starhemberg	2	2	-
Max Starhemberg	2	2	-
Browne	2	2	-
Hessen-Kassel	2	2	-
Anspach			
Fanteria dell'ala sinistra GFWM Tillier	1	2	-
Carl Lothringen	2	2	-
Diesbach	2	2	-
Königsegg	2	2	-
Alt-Württemberg			
2ª linea Tenente Generale Des Portes (sabaudo)			
Fanteria dell'ala destra GFWM conte Ottokar Starhemberg			
Baden-Durlach	2	2	-
Zum Jungen	2	2	-
Ottokar Starhemberg	1	2	-
Wetzel	2	2	-
Fanteria dell'ala sinistra GFWM principe di Hessen-Kassel			
Gyulai	1	1	-
Langlet	2	2	-
Löffelholz	2	2	-
Fucilieri (sabaudo)	1	1	-
Hackbrett (sabaudo)	1	1	-
Cavalleria (Nessun comandante indicato)			
Cavalleria dell'ala destra GFWM Lantieri			
Corazzieri *Portugal* [2ª linea]	-	-	7
Dragoni *Tige* [1ª linea]	-	-	7
Cavalleria dell'ala sinistra GFWM Arrigoni			
Corazzieri *Hannover* [1ª linea]	-	-	7
Corazzieri *Lobkowitz* [2ª linea]	-	-	7
Ussari	-	-	13
Artiglieria	-	-	-

Questa tabella contiene molte imprecisioni. Il nome Tarma altrove non compare (forse è un errore di trascrizione) mentre il GFWM Peroni (che era presente) non viene citato; Des Portes probabilmente c'era, ma sicuramente occupava un posto meno importante. Forse il comando della 2ª linea doveva essere affidato al barone di Saint Remy (comandante delle tuppe sabaude rimaste in Sicilia), che arrivò il 23 aprile. Anche l'identificazione dei battaglioni presenta incertezze. Quanto agli effettivi, sotto Palermo (23 aprile) l'esercito contava circa 10.000 fanti e 2.500 cavalieri, cifra che concorda sostanzialmente con la valutazione di Byng secondo cui le truppe austriache nella Sicilia occidentale, presidi compresi, ascendevano a circa 14.000 fanti e 3.000 cavalieri[55].

Il 5 aprile l'esercito si mise in movimento verso Partanna e Calatafimi, il 12 occupò Alcamo e il 23 si accampò in vista di Palermo. La marcia fu faticosissima, poiché Mercy aveva scartato la via più breve temendo che gli spagnoli potessero opporgli resistenza nei molti siti a ciò adatti; questi invece si ritirarono senza combattere e vi fu solo una scaramuccia al ponte di Valguarnera (17 aprile). Giunti presso Partinico, il 19 gli austriaci si divisero: Mercy si diresse a Montelepre con la fanteria della 1ª linea (FML Seckendorf), quella dell'ala destra della 2ª (GFWM conte Ottokar Starhemberg), i dragoni *Tige* e gli ussari, distaccando 6 compagnie di granatieri co-

---

55   La tabella in *Campagne*, XVIII, app. 13. Un battaglione del reggimento *Max Starhemberg* era a Messina; alla marcia su Palermo prese parte anche il battaglione di *Luccini*; la presenza del reggimento *Löffelholz* è incerta (v. Appendice II). L'arrivo del barone di Saint Remy in Alberico Lo Faso di Serradifalco, *Scorci di guerra in Sicilia*, cit., p. 177. Per gli effettivi v. *Campagne*, XVIII, p. 177 e [Thomas Corbett], *An account*, cit., p. 76.

mandate dal colonnello Neipperg a copertura del fianco sinistro. Zum Jungen si mosse invece lungo la costa, dove il cammino era meno difficile, con la fanteria dell'ala sinistra della 2ª linea (GFWM principe di Hessen-Kassel), il grosso della cavalleria, i cannoni da campagna e le salmerie. L'artiglieria d'assedio e i viveri di riserva viaggiavano come sempre via mare con la flotta di Byng, che il 21 aprile diede fondo nella baia di Mondello presso Capo Gallo. Il 22 aprile il GFWM Arrigoni morì rimpiazzandolo il colonnello principe Lobkowitz.

Dopo qualche combattimento senza importanza e l'occupazione della vetta del monte Pellegrino (lascia-

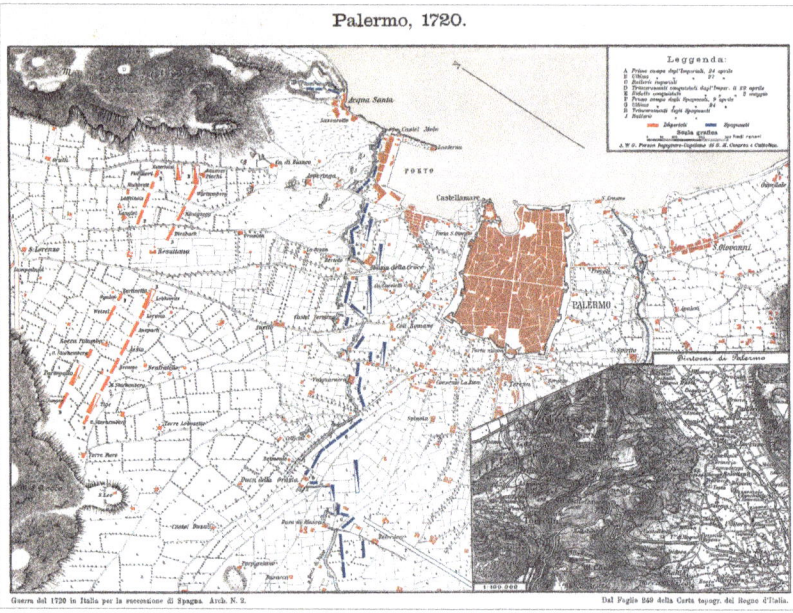

▲ Da *Le Campagne del Principe Eugenio di Savoia*.

ta indifesa dagli spagnoli forse per non coinvolgere in combattimenti il santuario di S. Rosalia), Mercy ordinò l'assalto generale il 29 aprile, con l'appoggio dalle navi di Byng. Il marchese di Lede non poteva sottrarsi alla battaglia senza evacuare Palermo, per cui all'alba del 29 cominciarono gli scontri. Ma dopo circa un'ora Mercy ebbe uno dei suoi attacchi, restando privo di vista e udito, per cui Zum Jungen, subentrato nel comando, poté fermare l'attacco prima che la mischia divenisse generale.

Il 2 maggio alle 4 pomeridiane i combattimenti ripresero cessando quasi subito quando il marchese di Lede comunicò di aver ricevuto da Filippo V la plenipotenza per lo sgombro di ambedue i Regni di Sicilia e di Sardegna, per cui alla mezzanotte dal 2 al 3 maggio 1720 le ostilità ebbero termine.

Le trattative armistiziali iniziarono il 3 maggio in una casa posta tra gli opposti schieramenti e ben presto fu raggiunto un accordo per la sospensione definitiva delle ostilità e l'evacuazione degli spagnoli da Sicilia e Sardegna, che il 6 fu approvato da Mercy, Byng e il marchese di Lede. Gli spagnoli dovevano imbarcarsi a Termini (Imerese) dove cominciarono a concentrarsi a concentrarsi il 9 maggio, anche se per mancanza di mezzi di trasporto il primo convoglio partì solo il 19 giugno e l'ultimo lasciò Termini il 14 agosto. Fu mandato ordine a Messina di prendere infine possesso di Siracusa, mentre i battaglioni sabaudi ancora in Sicilia furono trasportati a Cagliari per presidiare la Sardegna, che l'8 agosto passò formalmente in possesso di Vittorio Amedeo[56].

La guerra del 1717-1720 fu decisa quando la flotta spagnola venne distrutta a Capo Passero. Durò ancora diciotto mesi per la resistenza delle truppe spagnole che sentivano di combattere in difesa non di un'isola straniera, ma di un territorio proprio, i cui abitanti manifestarono con i fatti, prendendo le armi, la loro volontà di restare sotto il governo di Filippo V. Questo fatto smentisce la tesi dell'ostilità delle popolazioni nei confronti del dominio del re di Spagna sostenuta dalla storiografia italiana dall'Ottocento a ieri.

Le devastazioni apportate dal conflitto contribuirono certamente a mettere in crisi un'economia rimasta fino allora fiorente, come ha dimostrato Braudel distruggendo un altro vecchio archetipo storiografico. La crisi economica della Sicila ebbe inizio nel Settecento e sarebbe opportuno uno studio per valutare quanto su di essa abbia inciso la guerra del 1717-1720, ragione di più per approfondire le ricerche su di un conflitto fino a oggi ingiustamente trascurato.

---

56   Il testo dell'armistizio in *Campagne*, XVIII, pp. 291-297. L'ordine di prendere possesso di Siracusa in *Avvisi*, 19 giugno 1720 (n. 104). Per lo sgombero degli spagnoli, il rientro dell'esercito e le guarnigioni lasciate nell'isola v. *Feldzüge*, XVIII, pp. 230-239, riassunto in *Campagne*, XVIII, pp. 182-187.

ORGANIZZAZIONE DELL'ESERCITO AUSTRIACO

Le forze militari asburgiche avevano una struttura particolare, diretta conseguenza della natura frammentaria dei domini della dinastia. Infatti i possedimenti degli Asburgo erano costituiti da stati e territori estranei fra loro e uniti solo dalla persona del sovrano, un insieme eterogeneo formatosi nel corso dei secoli non per conquista, ma attraverso una serie di matrimoni fortunati, singolarità espressa dalla frase, risalente al XV secolo e divenuta proverbiale, *Bella gerunt alii, tu felix Austria nube* (Gli altri fanno le guerre, tu, Austria felice, ti sposi).

GLI STATI DI CARLO VI

Quale «imperatore romano» (*Römische Kaiser*) Carlo VI non aveva alcun potere effettivo: la dignità era elettiva, anche se dal 1437 l'imperatore era sempre stato un Asburgo, e anche se conferiva un grande prestigio a chi ne era investito, la sovranità di questi sugli stati che facevano parte dell'Impero era solo nominale. Diversi dei suoi domini conferivano a Carlo VI il titolo regale (Boemia, Ungheria, Croazia, Napoli, Sicilia, Sardegna), ma la base del suo potere era costituita dagli «Stati ereditari», i territori posseduti a titolo ereditario dal ramo austriaco degli Asburgo[57].

Nel 1713 Gran Bretagna e Province Unite (odierni Paesi Bassi) riconobbero la sovranità di Filippo V sulla penisola iberica e i territori oltremare, lasciando a Carlo VI gli altri possedimenti europei degli Asburgo spagnoli. Carlo VI non accettò questa soluzione e cercò di continuare la guerra da solo, ma nel 1714 dovette concludere la pace con la Francia e anche con Filippo V le ostilità cessarono di fatto nel 1715 dopo l'occupazione borbonica delle Baleari (ad esclusione di Minorca, che rimase in mano inglese ancora alcuni decenni). Nondimeno egli continuò a considerarsi il legittimo re di Spagna: come conseguenza di tale pretesa gli stati riconosciuti a Carlo VI rimasero distinti dagli altri domini asburgici, dipendendo da un apposito «Consiglio di Spagna» (*Spanischer Rat*) istituito a Vienna e conservando le istituzioni del periodo precedente, compresi i propri eserciti.

Gli Stati ereditari

Semplificando molto gli «Stati ereditari» (*Erblanden*) comprendevano:

a) il Regno di Boemia corrispondente pressapoco all'attuale Repubblica Ceca con in più la Slesia che oggi fa parte della Polonia. L'apparato manifatturiero e le risorse minerarie ne facevano il fulcro della potenza di Carlo VI;

b) gran parte delle province (*Länder*) che formano l'Austria attuale, ovvero l'Austria Inferiore e Superiore, la Carinzia, la Stiria e il Tirolo; ne erano esclusi Salisburgo, che costituiva un principato vescovile indipendente e il Burgenland, appartenente all'Ungheria. Il Vorarlberg faceva parte degli «Stati ereditari», ma essendo di cultura tedesca (che ancor oggi differisce da quella austriaca) era compreso nella Germania meridionale;

c) diversi territori quali la Carniola (attuale Slovenia), la contea di Gorizia e la città di Trieste, che essendosi posta volontariamente nel 1382 sotto il dominio asburgico godeva di uno *status* particolare. I principati vescovili di Trento e Bressanone facevano parte dell'Impero.

d) i possedimenti nella Germania meridionale noti come «Austria anteriore» (*Vorderösterreich*): la Brisgovia a est del Reno, alcuni piccoli territori in Svevia e il Vorarlberg (oggi un *Land* austriaco). L'«Austria anteriore», persa nel 1806, non va confusa con i possedimenti asburgici originari, siti in Argovia e nella zona a sud del Reno e del Lago di Costanza, in gran parte passati nel XIV secolo alla Confederazione Elvetica.

57   Per i dettagli si rinvia alle tante storie generali della monarchia asburgica. Un quadro accurato dei possedimenti asburgici alla morte di Carlo VI in *Oesterreicher Erbfolge-Krieg 1740-1748*, I, 1. Theil, Wien, L. W. Seidler & Sohn, 1896, pp. 57-141. Le *Campagne del Principe Eugenio di Savoia* dedicano poco spazio a questo tema: v. *Campagne*, I, pp. 89-90.

Tav. 9   Reggimento di aiduchi (fanteria ungherese) Giulay (da Teuber-Ottenfeld).

Il regno d'Ungheria

Formalmente l'Ungheria era una monarchia elettiva (rimase tale fino al 1723) e pertanto non era compresa negli «Stati ereditari»: anche in questo caso si trattava di un insieme di territori diversi, fra cui spiccava la Croazia, che costituiva un regno a sé stante, di cui il re ungherese era il sovrano. Il legame degli Asburgo con le "terre della corona di Santo Stefano" risaliva al 1521, quando Ferdinando I sposò la sorella del re Luigi II, caduto nella battaglia di Mohács (1526) contro gli ottomani. Questi conquistarono gran parte del regno, riducendo la sovranità asburgica all'attuale Slovacchia (detta «Alta Ungheria», alla Croazia e alla sottile striscia di territorio che le collegava. La capitale divenne Presburgo (oggi Bratislava, capitale della Slovacchia) rimanendolo fino al 1723.

Con la pace di Carlowitz (1699) gli Asburgo recuperarono l'Ungheria propriamente detta o «Bassa Ungheria», ma negli anni successivi il regno fu squassato da una serie di insurrezioni fomentate dalla nobiltà che dietro il paravento della "libertà" ungherese voleva mantenere i propri privilegi. Nel 1718 l'Ungheria era considerata una zona di frontiera e un campo di battaglia con l'Impero Ottomano: fra i possedimenti di Carlo VI il suo rilievo era minimo, situazione che cominciò a cambiare solo con l'ascesa al trono di Maria Teresa (1740).

I domini degli Asburgo spagnoli

I Paesi Bassi austriaci (corrispondenti più o meno al Belgio e Lussemburgo attuali, meno Liegi e il suo territorio che formavano un principato vescovile indipendente) in termini sia economici, sia strategici erano il più importante fra i territori riconosciuti a Carlo VI nel 1713; ma questi era pesantemente condizionato dagli obblighi contratti con Gran Bretagna e Province Unite che dal 1706 occupavano quasi tutto il territorio. Prima di consentire che avvenisse concretamente il passaggio di sovranità, queste due nazioni pretesero che alcune fortezze avessero presidi olandesi (per formare una "Barriera" contro la Francia), che i Paesi Bassi austriaci contribuissero al mantenimento di tali guarnigioni e soprattutto che fossero conservati i vantaggi commerciali concessi loro in passato dalla Spagna. Si giunse così al trattato stipulato ad Anversa il 15 novembre 1715 «che non aveva soltanto un carattere militare ormai anacronistico, ma anche un contenuto economico ingiusto, in difesa degli interessi commerciali anglo-olandesi ... a scapito di quelli del futuro Belgio»[58], la cui precisa definizione si protrasse ancora per vari anni.

A Carlo VI era stato riconosciuto anche il possesso del Ducato di Milano, del Regno di Napoli (con i "presìdi" toscani) e di quello di Sardegna, tutti stati sotto la sua sovranità fin dalla loro occupazione nel 1707-1708, in quanto considerati parte dei possedimenti di Carlo come pretendente al trono di Madrid. Gli unici territori governati allora da Vienna nella penisola italiana erano i ducati di Mantova e di Mirandola, "sequestrati" ai rispettivi titolari rei di essersi schierati con i borbonici. Fu la repentina morte dell'imperatore Giuseppe I avvenuta nel 1711, con la conseguente successione del fratello Carlo, a unire Milano, Napoli e Sardegna agli altri domini asburgici. Nel 1714 il trattato di Rastadt sancì il definitivo passaggio all'Impero del Ducato di Mantova, che rimase distinto da quello di Milano, mentre il Ducato di Mirandola fu ceduto agli Este di Modena.

Una potenza solo apparente

La debolezza delle strutture amministrative e la difficile situazione economica di molti dei paesi soggetti alla monarchia asburgica si riflettevano nell'esiguità delle entrate, che raggiungevano appena un quinto di quelle della Francia, con una popolazione complessiva (di 18 milioni nel 1727) di poco inferiore. In tempo di pace Carlo VI poteva mantenere, sulla base delle sue entrate, un esercito pari soltanto alla metà di quello francese, mentre la mobilitazione delle risorse teoricamente disponibili richiedeva molto tempo, come apparve chiaro nella guerra del 1717-1720.

L'ESERCITO "IMPERIALE" E GLI ESERCITI "REALI"

L'influenza della natura eterogenea dei domini asburgici sull'organizzazione militare della dinastia raggiunse il suo apogeo nel primo periodo del regno di Carlo VI (1711-1725), quando gli eserciti degli stati governati un

---

58   PAOLO ALATRI, *L'Europa dopo Luigi XIV*, cit., p. 93.

tempo dagli Asburgo spagnoli conservavano la loro esistenza separata, esistendo sia l'esercito "imperiale" degli Asburgo, sia quelli "reali" (o meglio "reali spagnoli") dei Paesi Bassi austriaci, di Milano, Napoli e Sardegna. Nella guerra contro gli ottomani (1716-1718) questa pluralità non ebbe conseguenze, perché i sette reggimenti "spagnoli" (due dei quali napoletani) che vi parteciparono combatterono inquadrati nell'esercito "imperiale", ma nella guerra del 1717-1720 contro la Spagna, essa fu invece causa di lungaggini nelle operazioni, ridotta efficienza delle truppe impegnate nelle operazioni e grande spreco di mezzi finanziari. L'esperienza di questo conflitto portò ad assimilare gli eserciti "reali" all'esercito "imperiale", nel quale finirono per fondersi.

L'esercito "imperiale"

Nel 1649 alcuni dei reggimenti che Albrecht von Wallenstein aveva radunato nel 1627 per l'imperatore furono trattenuti in servizio permanente, dando così origine all'esercito "imperiale" (*Kaiserliche Armee*). Esso non va confuso con l'esercito "dell'Impero" (*Reichs-Armee*) formato dai contingenti dei diversi stati che formavano il Sacro Romano Impero: le due espressioni, ben distinte in tedesco, sono molto simili in italiano[59]. L'esercito "dell'Impero" dopo il 1714 non fu mobilitato e i contingenti degli stati tedeschi che presero parte alle guerre contro l'Impero ottomano e la Spagna lo fecero in base a specifiche "capitolazioni" stipulate con l'imperatore. L'esercito "imperiale" era reclutato in Germania e nella parte "tedesca" dei domìni asburgici (che comprendeva anche cechi, moravi, slesiani e sloveni) e finanziato con i contributi concessi dalle assemblee locali (*Stände*) degli Stati ereditari. La natura composita della componente "tedesca" e la frammentarietà degli Stati ereditari davano già allora all'esercito "imperiale" il carattere "multinazionale" e la funzione unificatrice divenute poi le caratteristiche peculiari dell'esercito austro-ungarico.

La componente "ungherese" dell'esercito "imperiale" non esisteva ancora. I pochi reparti permanenti reclutati in Ungheria (un reggimento di aiduchi e tre di ussari) erano mantenuti dagli *Stände* degli Stati ereditari, i quali sostenevano anche la maggior parte delle spese per le truppe dislocate in Ungheria, che dovevano essere numerose visto il sempre incombente pericolo ottomano. Anche l'efficiente sistema difensivo dei «Confini militari» (*Militärgrenze*), che proteggeva la frontiera meridionale, dipendeva da Vienna.

L'Ungheria non aveva un esercito proprio, poiché la nobiltà, che dominava la «Dieta» (il parlamento ungherese) ne rifiutava l'istituzione temendo che il sovrano potesse servirsene per attentare ai suoi privilegi. Anche i contributi stanziati dalla «Dieta» erano minimi, appena sufficienti al mantenimento dei presidi delle fortezze: ancora nel 1715 essa giustificò il diritto all'esenzione fiscale dei nobili col pretesto che questi militavano nell'*insurrectio*, un'obsoleta milizia a cavallo di stampo medievale.

Gli eserciti "reali"

La "Spagna imperiale" era una sorta di *Commonwealth* composto di stati diversi ciascuno con il proprio esercito. In passato si pensava agli eserciti spagnoli nelle Fiandre o in Italia come se fossero simili a quello che l'Impero d'Austria teneva nel Lombardo-Veneto nella prima metà dell'Ottocento, mentre è ormai acquisito trattarsi degli eserciti particolari dei Paesi Bassi spagnoli e del Ducato di Milano, composti da unità spagnole, italiane, vallone e tedesche[60]. È innegabile che la maggior parte dei comandanti fossero spagnoli (spesso castigliani), ma i generali di diversa origine erano numerosi, anche se l'uso di titoli nobiliari iberici e l'abitudine di "spagnolizzare" i cognomi fanno apparire il loro numero inferiore alla realtà.

Nei Paesi Bassi austriaci gli occupanti anglo-olandesi avevano ricostituito l'organizzazione militare del precedente periodo spagnolo, valendosi dei molti funzionari civili e militari rimasti ai loro posti malgrado il cambiamento di dinastia. Le truppe locali, passate sotto controllo imperiale nel maggio-giugno 1717, consistevano in undici piccoli reggimenti "nazionali" (otto di fanteria, uno di corazzieri e due di dragoni) che osservavano

59   Per evitare confusioni si sarebbe potuto parlare di esercito "cesareo" (traducendo *kaiserlich* alla lettera), ma non è sembrato opportuno introdurre un'espressione nuova. Per l'esercito "dell'Impero" si rinvia a *L'esercito imperiale*, *La fanteria* (1), pp. 47-56.

60   Dettagli in Giancarlo Boeri - José Luis de Mirecki Quintero - José Palau, *The Spanish Armies in the War of the League of Augsburg (Nine Years War 1688-1697)*, illustrazioni di Robert Hall, [Hertford (UK)], The Pike and Shot Society, 2011.

Tav. 10 Portastendardo dei Corazzieri Lobkowitz.

l'ordinamento, le paghe e le norme penali fissate dal regolamento olandese del 24 novembre 1687. Formalmente due reggimenti erano spagnoli e uno irlandese, ma tutti avevano nelle proprie fila un gran numero di stranieri e pochi soldati di origine locale.

L'ordinamento particolare di queste truppe obbligava a gestirle diversamente da quelle "imperiali" stanziate nel paese e rendeva il loro mantenimento molto costoso, poiché il regolamento olandese del 1687 prevedeva organici più piccoli (con conseguente maggior numero di ufficiali in proporzione ai soldati) e paghe più forti rispetto al «piede tedesco». È errato affermare che la componente "vallona" sia entrata a far parte dell'esercito "imperiale" nel 1708: essa risale invece al 1725, quando i reggimenti "nazionali" dei Paesi Bassi allora esistenti vennero fusi per costituire tre reggimenti di fanteria e uno di dragoni sul «piede tedesco»[61].

Gli altri eserciti "reali" avevano pochi reparti di formazione e reclutamento locale, prescindendo da quelli di guardia, artiglieria e milizia. Essi erano in gran parte formati da reggimenti "imperiali", che continuavano a osservare i loro regolamenti e corrispondevano direttamente col Consiglio aulico di guerra per tutte le questioni amministrative interne. Essendo però mantenuti a spese dei singoli stati erano considerati parte dell'esercito locale. Malgrado ciò l'importanza dell'esistenza di eserciti "reali" non va sottovalutata, perché ognuno di essi aveva il proprio apparato amministrativo, che provvedeva alle necessità di tutte le truppe, comprese quelle

▲ *Conte Georg Oliver von Wallis* (da stampa d'epoca)

"imperiali": ne derivava un sistema complicato e farraginoso, come dimostrò l'andamento dellla campagna di Sicilia[62].

Nel Ducato di Milano, dove la popolazione non mostrava molta nostalgia verso il passato regime spagnolo, era stata soprattutto la scarsità di reclute a ridurre le unità locali a un reggimento di fanteria e uno di cavalleria (gli antichi «dragoni dello Stato») oltre a reparti di guardie a cavallo, presidiari e artiglieri. Nel Regno di Napoli predominava l'insofferenza verso i nuovi governanti, troppo estranei agli abitanti per lingua e costumi. Di conseguenza i reggimenti reclutati nel Regno reduci dalla penisola iberica furono avviati direttamente in Ungheria, incorporando *en passant* quelli rimasti a Napoli; le truppe napoletane furono ridotte a un unico reggimento di dragoni, al quale si aggiungevano pochi reparti presidiari e l'artiglieria (che però contava molti ufficiali e cannonieri di origine tedesca). Il piccolo esercito sardo era formato perlopiù da "spagnoli" (o meglio

61   JOSEPH RUWET, *Soldats des régiments nationaux au XVIIIème siècle. Notes et documents*, Bruxelles, Palais des Académies, 1962, pp. 13-17; cfr. anche *Avvisi*, 12 giugno 1717 (n. 94).

62   Un quadro generale in CLAUDIO DONATI, *L'organizzazione militare della monarchia austriaca nel secolo XVIII e i suoi rapporti con i territori e le popolazioni italiane. Prime ricerche*, in *Österreichisches Italien–Italienisches Österreich? Interkulturelle Gemeinsamkeiten und nationale Differenzen vom 18. Jahrundert bis zum Ende des Ersten Weltkrieges* (Zentral-Europa Studien 5), a cura di Brigitte MAZOHL-WALLNIG e Marco MERIGGI, Wien, Verlag der Österreichischen Akademie der Wissenschaften, 1999, pp. 297-329; dettagli in ALESSANDRA DATTERO, *Soldati a Milano. Organizzazione militare e società lombarda nella prima dominazione austriaca*, Milano, FrancoAngeli, 2014 e *Le istituzioni militari del* Regnum Sardiniae *nei secoli XVI-XVIII. Fonti e percorsi di ricerca nell'Archivio di Stato di Cagliari*, a cura di CARLA FERRANTE (*Quaderni bolotanesi* 33/2007), Bolotana (NU), Edizioni Passato e Presente, 2007.

catalani e valenciani) e il governo di Carlo VI poteva contare sul sostegno di parte della popolazione, i cui sentimenti filo-asburgici erano stati rinfocolati dai provvedimenti assunti da Filippo V durante il suo breve dominio nell'isola, tra cui l'imposizione del castigliano come lingua ufficiale al posto del catalano usato da secoli. Nel 1721 Carlo VI sciolse i reggimenti lombardi *Walmerode* e *Luccini* e quello napoletano *Roma*, reclutati *in loco*, malgrado il parere contrario del principe Eugenio, che sosteneva l'opportunità di mantenerli in servizio «perché bisogna lasciare alla Nobiltà di quei paesi l'occasione di trovare una ACCOMODATION ed esercitarsi nel mestiere della guerra»[63].

IL COMANDO

Esistevano in quegli anni due organizzazioni militari distinte, quella della monarchia asburgica e quella degli stati già appartenenti agli Asburgo spagnoli. Nel primo caso Carlo VI era coadiuvato dal «Consiglio aulico di guerra» al quale, non essendovi organizzazione territoriale, facevano capo direttamente sia i comandi militari di provincia e di fortezza, sia le truppe stanziate nei vari territori. Nel secondo caso le funzioni dei «Consiglio aulico» erano ripartite tra il «Consiglio di Spagna» a Vienna (cui nel 1717 si aggiunse il «Consiglio dei Paesi Bassi») e i viceré o governatori dei singoli stati; ma i reggimenti "imperiali" che costituivano la maggior parte dei vari eserciti "reali" per molte questioni continuavano a dipendere dal «Consiglio aulico». Ne derivava una situazione confusa, caratterizzata da continui conflitti di competenza, inefficienza e sprechi, come apparve chiaro durante la guerra del 1717-1720.

Il comandante in capo

Al vertice dell'ordinamento militare era l'imperatore Carlo VI che, personalmente privo di velleità guerresche, non interferì mai direttamente nella conduzione delle operazioni militari, ma il cui ruolo sullo svolgimento del conflitto non deve essere sottovalutato. Egli era portato a tenere in maggior considerazione gli interessi "spagnoli" rispetto a quelli della monarchia asburgica, atteggiamento derivante sia dalla convizione di essere il legittimo re di Spagna, sia dalla profonda influenza esercitata su di lui dagli anni trascorsi a Barcellona. Da qui l'importanza assunta dal «Consiglio di Spagna» stabilito a Vienna, che raggiunse il culmine negli anni 1717-1720, per poi declinare nella seconda parte del regno, quando la politica di Carlo VI si concentrò nel tentativo di far accettare agli altri stati europei la «Prammatica Sanzione» con cui l'imperatore, mancando di eredi maschi, voleva assicurare la successione dell'arciduchessa Maria Teresa, sua figlia primogenita.

Serio e lavoratore, ma indeciso, Carlo VI voleva dirigere e controllare personalmente tutto, facendo moltiplicare i rapporti, i memoriali e i pareri a lui indirizzati e rallentando notevolmente l'andamento dell'attività di governo. Questa costante inframmettenza, unita a un carattere autoritario, rese difficili i rapporti dell'imperatore con i suoi ministri, in particolare col principe Eugenio, nei cui confronti nutriva poi la tradizionale diffidenza degli Asburgo verso le figure militari di spicco, risalente ai tempi di Wallenstein. Tutto questo portò Carlo VI a intralciare più volte l'operato del principe e a non seguirne i consigli, come si vide in occasione della ritardata costituzione di un esercito separato per la Sicilia[64].

Il Consiglio aulico di guerra

Christopher Duffy ha definito il «Consiglio aulico di guerra» (*Hof-Kriegs-Rat*) «la più famigerata e meno compresa delle istituzioni militari asburgiche»[65]. Ente amministrativo centrale dell'esercito e suprema corte di giustizia, all'epoca di Carlo VI la competenza del consiglio era limitata agli "Stati ereditari" e all'Ungheria;

63   Il principe Eugenio all'imperatore, 19 giugno 1717, in *Campagne*, XVIII, p. 144 suppl.
64   ALFRED VON ARNETH, *Karl VI.* in ADB, XV (1882), pp. 206-219; MAX BRAUBACH, Max, *Karl VI.* in NDB, XI (1977), pp. 211-218; VIRGINIA LEÓN SANZ, *De rey de España a emperador de Austria: el archiduque Carlos y los austracistas españoles* in *Felipe V y su tiempo. Congreso internacional*, a cura di Eliseo SERRANO MARTÍN, Sección cuarta Guerra y Paz – Ponencias, Zaragoza, Institución «Fernando el Católico», 2004, pp. 747-774; v. anche ÖSTERREICHISCHEN STAATSARCHIV, *300 Jahre Karl VI.1711–1740. Spuren der Herrschaft des „letzten" Habsburgers*, Wien, Österreichischen Staatsarchivs, 2011.
65   *Duffy*, p. 21. La traduzione moderna «Consiglio di guerra di corte» sarebbe più chiara, ma l'uso del termine desueto «aulico» è ormai tradizionale: occorre però fare attenzione per non confondere questo consiglio con il «Consiglio aulico» vero e proprio (*Reichs-Hof-Rat*) il supremo organo amministrativo e giudiziario del Sacro Romano Impero.

Tav. 11 Reggimento di fanteria Lucini (Stato di Milano): ufficiale, moschettiere e Tamburo

esso era inoltre l'organo ausiliario dell'imperatore nel comando e nel coordinamento degli eserciti operanti ovunque fossero. Con l'andar del tempo vennero attribuiti al consiglio anche altri compiti, quali la gestione delle relazioni con la Russia e l'Impero ottomano e l'amministrazione dei «Confini militari», una funzione complicata dalla persistenza di uno speciale ente dell'Austria interna (*Innerösterrichische Kriegs-Stelle*), il quale ebbe voce nelle questioni confinarie fino al 1743. Il Consiglio aulico non si occupava né di questioni finanziarie, riservate al «Consiglio di corte delle finanze» (*Hof-Cammer-Rat*), né dei servizi logistici, cui era proposto l'autonomo «Ufficio supremo di commissariato» (*Ober-Kriegs-Commissariat-Amt*) al quale il Consiglio aulico poteva solo impartire direttive di massima.

Componevano il consiglio un presidente (il principe Eugenio), un vice-presidente (il FM conte Leopold von Herberstein), una ventina di consiglieri militari "dal ceto dei signori" (*aus dem Herrenstände*), una dozzina di consiglieri civili "fuori del ceto dei signori" (*ausser dem Herrenstände*) e un centinaio di impiegati, un personale alquanto ridotto secondo gli *standard* attuali. Vi erano poi alcuni organi specializzati che si occupavano di questioni particolari, quali le armi e munizioni (*Obristes-Hauß-Zeug-Amt*), le fortificazioni (*Fortifications-Bau-Zahl-Amt*) o la giustizia militare (*General-Feld-Kriegs-Auditoriat-Amt*). Le funzioni del Consiglio aulico si dividevano in "*Publica*", cui provvedevano diverse commissioni, alcune delle quali stabili (tra cui quelle che si occupavano dei rifornimenti, delle armi e munizioni, delle guarnigioni e delle truppe in Ungheria) e "*Judicialia*" affidate a consiglieri con specifica preparazione giuridica[66].

Non esistendo un'organizzazione territoriale, le truppe dislocate nei vari territori dipendevano direttamente dal Consiglio aulico, facendo capo ai comandi militari di provincia e di fortezza solo per alcune questioni: l'unica eccezione era rappresentata dai «Confini militari» articolati in «Generalati» (da cui poi si evolsero i famosi reggimenti confinari). Questo fatto, insieme all'accumularsi di molte e diverse funzioni, finì per dar vita a un apparato ingombrante, spesso inefficiente e sempre lento. Dal 1703 il consiglio era presieduto dal principe Eugenio, che e aveva fatto molto per sopperire alle lacune dell'organismo, regolamentando con rigore la catena di comando e promuovendo l'istruzione tecnica e scientifica nell'esercito; non era invece riuscito a risolvere i problemi finanziari e a sradicare la corruzione esistente nell'apparato militare, situazioni peraltro comuni a tutti gli eserciti dell'epoca.

Il Consiglio di Spagna

Per il governo dei territori già appartenenti agli Asburgo spagnoli fu costituito a Vienna il 29 dicembre 1713 il «Consiglio supremo spagnolo» (*Höchster Spanischer Rat*) che solo nel 1736, dopo la perdita di Napoli e della Sicilia, divenne «Consiglio supremo italiano». Nel segno della continuità con la tradizione amministrativa iberica, le procedure del nuovo organismo erano ricalcate su quelle spagnole e i suoi componenti divisi in consiglieri "di spada" (militari) e "togati" (civili), con prevalenza di questi ultimi. Nel 1717, per ragioni di opportunità, ai Paesi Bassi meridionali fu preposto l'apposito «Consiglio supremo dei Paesi Bassi austriaci» (*Höchster Rat derer Österreeicher Niederlanden*).

Presidente del «Consiglio di Spagna» (come era usualmente chiamato in italiano) era l'arcivescovo di Valencia Antonio Folch de Cardona e molti nobili *austracisti* ne erano membri, malgrado i posti di consigliere fossero suddivisi in base agli stati rappresentati (di norma due o tre per ciascuno di essi). Gli impiegati erano pochissimi, perché all'esecuzione dei deliberati del consiglio provvedevano i viceré e governatori degli stati che rientravano nella sua competenza[67].

Il «Consiglio di Spagna» si occupava anche di questioni militari, ma gli eserciti dei territori "spagnoli" dipendevano dai rispettivi viceré e governatori, che portavano il titolo di «capitano generale» e disponevano di una propria «segreteria di stato e di guerra» (a Milano esisteva una specifica «cancelleria di guerra»). Talvolta li

---

66   Sul Consiglio aulico di guerra e gli organi a esso legati v. *Stadt Wien Staats- und Stands Calender auf das Jahr MDCXXIII,*, pp. 104-110, *Campagne*, I, pp. 178-195, *Oesterreicher Erbfolge-Krieg 1740-1748*, I, 1. Theil, cit. pp. 306-322 e *L'esercito imperiale, La fanteria (1)*, pp. 19-40.
67   VIRGINIA LEÓN SANZ, *De rey de España a emperador de Austria*, cit., pp. 763-766: v. anche *Stadt Wien Staats- und Stands Calender, cit*, pp. 130.133.

affiancava un «comandante delle armi», come accadde nel Regno di Napoli dopo il richiamo del FM Daun, quando sotto i suoi successori (il conte Gallas, un diplomatico, e il cardinale Schrattenbach) rivestirono la carica prima il GdC Carafa, poi il FZM Wetzel. Per evitare inconvenienti il principe Eugenio propose all'imperatore di stabilire che la subordinazione del generale comandante non fosse «intesa che PRO TEMPORE PACIS, perchè in guerra un Generale comandante deve necessariamente essere INDIPENDENT da un Governatore politico, non esperto in MILITARI, e potrà tutt'al più tenere seco lui CORRESPONDENZ, tantopiù che un simile CASUS potrebbe darsi tanto a Napoli quanto in Sicilia»: Carlo VI acconsentì ordinando di «lasciare IN EFFECTIVO BELLO il militare pienamente al Generale comandante»[68]. Quanto fosse opportuna questa disposizione apparve evidente quando il duca di Monteleone, nominato dall'imperatore vicerè di Sicilia, pretese che il GdC Mercy fosse a lui subordinato.

L'organizzazione di un esercito campale

Gli eserciti campali erano articolati in linee, ali e brigate di 5-6 battaglioni o 2-3 reggimenti di cavalleria (solo nel 1743 l'uso del termine «brigata» fu ufficialmente riconosciuto), oltre a un parco di artiglieria, gli organi dei servizi (giustizia militare e commissariato) e la "cancelleria campale" (*Feld-Kriegs Kanzlei*) che fungeva da segreteria. La durata di un esercito così formato era limitata al periodo dell'anno in cui le truppe "uscivano" in campagna: quando esse si ritiravano nei quartieri d'inverno le grandi unità cessavano di esistere e l'unità base ritornava il reggimento, che corrispondeva direttamente col Consiglio aulico. Qualche generale rimaneva con le truppe nei mesi invernali, per fronteggiare un'eventuale emergenza, ma gli altri (e la maggior parte degli ufficiali) tornavano alle loro case, secondo una pratica comune in tutta Europa. I treni di artiglieria e i reparti dei servizi venivano sciolti e il loro personale congedato, per poi ricostituirsi in occasione della campagna dell'anno successivo.

Il comandante di un esercito campale era nominato dall'imperatore su proposta del Consiglio aulico di guerra e corrispondeva direttamente col sovrano. Tuttavia la scarsa propensione dei sovrani asburgici verso le questioni militari, nonché la tendenza di molti generali a non mettersi in urto col Consiglio aulico (non tutti avevano la personalità e soprattutto il rango del principe Eugenio, che apparteneva a una casa regnante) aveva finito per dare a quest'organo grande influenza nella conduzione delle operazioni, per cui è compresibile che il Consiglio di Spagna nel corso della guerra del 1717-1720 abbia cercato di limitarne il ruolo alla provvista di rinforzi, complementi e materiali. Di conseguenza, inizialmente le truppe impiegate in Sicilia erano considerate parte dell'esercito del Regno di Napoli, tanto che quando il FZM Wetzel fu richiamato, il GdC Carafa lo sostituì essendo il più elevato in grado fra i generali di quell'esercito. Dopo la resa della cittadella di Messina l'imperatore affidò invece la conduzione delle operazioni in Sicilia a un esercito separato, di cui nominò comandanti prima il FZM Zum Jungen, poi il GdC Mercy.

Tuttavia, la natura accidentata del terreno fece sì che la ripartizione dell'esercito in linee, ali e brigate rimanesse per lo più sulla carta, impiegandosi «colonne» improvvisate, come avvenne in occasione della battaglia di Francavilla, dove il reale ordine di battaglia dell'esercito austriaco è assai difficile da stabilire. La lontananza dalla Sicilia dal centro dei domini asburgici e la difficoltà delle comunicazioni fecero sì che gli ufficiali. contrariamente al solito, fossero costretti a rimanere nel teatro operativo anche nei mesi invernali, con gravi conseguenze per gli abitanti, costretti a far fronte alle loro esigenze, assai più pesanti di quelle degli uomini di truppa.

LO STATO MAGGIORE

In quel tempo si indicava genericamente come «stato maggiore» (*General-Stab*) tutto il personale, militare o no, impiegato nei comandi. come appare chiaramente dalle disposizioni dell'epoca, per cui ne facevano parte i generali, il quartiermastro generale coi suoi collaboratori, l'aiutante generale, gli aiutanti e così via. La distinzione fra «grande» e «piccolo» stato maggiore era solo informale: nel primo erano compresi gli ufficiali generali e i funzionari civili di rango pari al loro, nel secondo tutti gli altri. Non si trattava però di due corpi diversi, poiché lo «stato maggiore» era unico.

---

68   Il principe Eugenio all'imperatore, 2 gennaio 1719, in *Campagne*, XVIII, pp. 46-47 suppl.; ; v. anche *ibidem*, p. 167 suppl.

I generali

Il principe Eugenio rivestiva il grado supremo di «Luogotenente Generale» (*General Lieutenant*) che gli conferiva rispetto all'esercito poteri analoghi a quelli dell'imperatore: questo grado non faceva parte della normale scala gerarchica, ma veniva conferito come una sorta di riconoscimento a eminenti personalità: prima di Eugenio, lo ricoprirono Montecuccoli e il margravio Luigi di Baden (poiché che nella maggior parte degli eserciti quello di «Luogotenente Generale» era un grado di rango assai inferiore, i testi non tedeschi usavano termini diversi: in italiano il principe Eugenio veniva di solito detto «Feldmaresciallo Generale» degli eserciti imperiali).

Il culmine della scala gerarchica era il grado di *Feldmarschall*, seguito da quelli di *General der Cavallerie* e *Feldzeugmeister*, rispecchiando l'uso seicentesco che vedeva il «Capitano Generale» a capo dell'esercito affiancato come vice dal «Generale della cavalleria» mentre il «Generale dell'artiglieria» occupava il terzo posto (*Feldzeugmeister* è il termine corrispondente in tedesco). Questi due gradi erano equivalenti, conferendosi il primo agli ufficiali provenienti dalle truppe a cavallo e l'altro a quelli delle altre armi, ma il *General der Cavallerie* precedeva il *Feldzeugmeister* di pari anzianità.

Seguiva poi il grado di *Feldmarschall-Lieutenant* («Luogotenente del Feldmaresciallo») precisandosi sempre se il titolare era «di fanteria» (*der Infanterie*) o «di cavalleria» (*der Cavallerie*). Per il *General-Feldwachtmeister* (usualmente abbreviato in *General-Wachtmeister*), tradotto nei testi italiani contemporanei come «Sargente Generale di Battaglia», si precisava invece se il titolare era «a piedi» (*zu Fuß*) o «a cavallo» (*zu Pferd*). In origine il *General-Wachtmeister* non aveva rango di generale e veniva detto *Obrist-Wachtmeister* (nella sua corrispondenza il principe Eugenio usa sempre questo titolo), ma durante la guerra di successone spagnola era venuto a esercitare le funzioni del «General Maggiore» di altri eserciti (infatti il grado fu poi denominato *General-Major*). Una corrispondenza esatta con i gradi degli altri eserciti non esisteva[69]. Il "cartello" fissato all'inizio del secolo per il riscatto dei prigionieri fatti in Italia da austriaci e francesi dà un'idea del rango attribuito ai generali:

50000 *livres*	General Lieutenant Feldmarschall	Maréchal de France
20000 *livres*	General der Kavallerie	-
12000 *livres*	Feldzgeugmeister	-
10000 *livres*	Feldmarschall-Lieutenant	Lieutenant-Général
3000 *livres*	General-Feldwachtmeister	Maréchal de Camp
1800 *livres*	-	Brigadier (cavalerie ou dragons)
1400 *livres*	-	Brigadier (infanterie)

La nomina dei generali, come di tutti gli ufficiali, era prerogativa dell'imperatore, il quale di solito seguiva il parere del Consiglio aulico, ma poteva anche farne a meno, specie nel caso di candidati di natali particolarmente illustri, come il principe Eugenio, nominato *General-Feldwachtmeister* a 22 anni. Quasi tutti i generali erano cattolici, anche se non mancavano i protestanti: il FZM Zum Jungen era luterano. Non esistevano limiti d'anzianità e per esercitare un comando in campo bastava che un generale fosse in grado di reggere alle fatiche, mentre le altre condizioni fisiche non avevano rilevanza. Un caso emblematico è rappresentato dal GdC Mercy, fisicamente molto robusto, ma miopissimo e soggetto ad attacchi epilettici nei momenti di particolare tensione, come avvenne a Schisò (11 luglio 1719) e nel corso del combattimento di fronte a Palermo (29 aprile 1720) (e poi ancora nel 1734 in Lombardia).

I generali austriaci erano troppo numerosi e di orgine diversa, come in tutti gli eserciti dell'epoca, ma colpiva la pressoché totale assenza di austriaci di nascita, tanto che un contemporaneo fa dire al principe Eugenio: «*il y avait beaucoup d'Autrichiens à la cour, et peu à l'armée; c'est que mes Allemands étaient presque tous de l'Empire. Les chefs et fils aînés de famille ne servent pas dans ce pays-ci. C'est en vain que j'ai voulu en amener la mode*»[70]. Con Ma-

69   *Portionen Buch*, pp. 1-4; *Kostka*, pp. 13-16; il "cartello" che segue è pubblicato in appendice ad Antonio Bulifon, *Giornale del viaggio in Italia dell'invittissimo e gloriosissimo Monarca Filippo V*, Napoli, Niccolò Bulifoni, 1703, pp. 363-412. Un esempio di tentata (ed errata) parificazione dei gradi in *Imperial Austrian Army*, p. 19-20.

70   [Charles Joseph principe de Ligne], *Vie du Prince Eugène de Savoie écrite par lui-même, et publié pour la première fois en 1809*, 3ᵉ ed., Paris, Michaud Frères, 1810, p. 176; v. anche *Duffy*, p. 34.

ria Teresa le cose cambiarono, ma al tempo della guerra contro la Spagna la situazione era questa: fra i generali presenti in Sicilia la cui origine è conosciuta soltanto uno era austriaco di nascita (il GFWM Ottokar Starhemberg).

Quartiermastro generale e aiutante generale
Non esistendo uno «stato maggiore» in senso moderno il comandante in capo era il responsabile assoluto di tutto quanto riguardava le operazioni e i suoi collaboratori avevano solo compiti esecutivi e di assistenza tecnica. Il «quartiermastro generale» (*General-Quartiermeister*), generale o colonnello, di nomina imperiale, viene spesso accostato al «capo di stato maggiore» di un secolo dopo, ma al contrario di questi non doveva (almeno in teoria) ingerirsi nella condotta delle operazioni e limitarsi a questioni pratiche, quali l'esecuzione delle operazioni campali (*Feldverrichtungen*), investimento delle piazzeforti in accordo con gli ingegneri, scelta dei luoghi più propizi per gli accampamenti e l'attraversamento dei fiumi, ricognizioni del terreno e così via. Egli era affiancato da un luogotenente (*Quartiermeister-Lieutenant*) e gli erano subordinati i comandanti del "treno" dei bagagli (*General-Wagenmeister*) e delle guide (detto con espressione francese

▲ *Ritratto del Marchese Egidio Orsini Roma* (Coll. pr.)

Capitaine des guides) nonché, ma solo per quanto aveva rapporto ad alloggio e accampamento, il quartiermastro del comando (*Stabs-Quartiermeister*) e quelli dei reggimenti. Spesso era anche comandante del genio, come lo fu in Sicilia il GFWM Schmettau. La funzione più importante del quartiermastro generale era quella di stendere, all'inizio di una campagna, l'«Ordine di battaglia» dell'esercito, in base al quale esso avrebbe marciato e si sarebbe accampato. Questa operazione era molto delicata in un'epoca in cui non esistevano grandi unità precostituite e ogni volta si doveva provvedere a formare linee, ali e brigate: il quartiermastro generale doveva operare con molto tatto per non urtare la suscettibilità dei vari generali.

L'«aiutante generale» (*General-Adjutant*), anch'egli di nomina imperiale, aveva invece il compito di trasmettere gli ordini e le comunicazioni del comandante, di qualsiasi genere fossero, compresi i messaggi di natura diplomatica. Anche se in seguito quello di aiutante generale divenne un grado vero e proprio, equivalente a colonnello, allora per ricoprire la carica non era richiesto alcun requisito particolare, bastava essere di nobile prosapia: nel 1719 l'aiutante generale di Mercy era Giuseppe Spinelli duca di Laurino, che non aveva alcun grado e la cui unica esperienza militare consisteva nell'aver fatto da "volontario" la campagna del 1718 in Ungheria e Serbia. La carica esisteva anche presso alcuni personaggi di rango, quali viceré e governatori: Nicolò Pignatelli duca di Monteleone, nominato da Carlo VI viceré di Sicilia, aveva come aiutanti generali, il figlio Ferdinando e Vincenzo Taccone dei baroni di Setizano, entrambi col grado di colonnello[71].

71 *Campagne*, XVIII, p. 143; *Avvisi* 27 dicembre 1719 (n. 226) e 29 maggio 1720 (n. 92); *Das jetztlebende vornehme Italien oder: politische, genealogische und historische Vorstellung,* Zürich, Hans Ulrich, Däntzler, 1744, p. 320; R. Martini, *La Sicilia sotto gli austriaci, cit.,* p. 19.

Aiutanti e volontari

Dall'aiutante generale dipendeva il servizio delle staffette a cavallo (*Ordonnanz-Dienst*), espletato dagli "aiutanti", giovani desiderosi di seguire la carriera delle armi e abbastanza ricchi per poter tenere l'elevato tenore di vita richiesto. Essi ricevevano una paga, distinguendosi così dai "volontari" che seguivano a loro spese gli eserciti operanti nella speranza di procacciarsi un grado, per acquisire esperienza bellica (molti stati richiedevano ai futuri ufficiali di aver fatto due o tre campagne di "guerra viva") o semplicemente come passatempo. Anche il principe Eugenio aveva cominciato la sua carriera da "volontario", diventando ben presto colonnello. A seconda delle loro possibilità economiche i "volontari" si ponevano al seguito di qualche generale che li impiegava come aiutanti oppure si aggregavano a qualche reggimento, dove svolgevano funzioni analoghe ai futuri cadetti.

Tra i "volontari" non mancavano le persone di rango, uomini di mondo che volevano far mostra di coraggio partecipando a dei combattimenti: alla battaglia di Francavilla (20 giugno 1719) furono gravemente feriti il figlio secondogenito dell'ammiraglio Byng, George, e il principe Franz Josias di Sachsen-Saalfeld, mentre un mese dopo sotto il forte Gonzaga di Messina fu ucciso il colonnello sassone von Bielke, giunto da poco, «il quale cercò assistere a questa Guerra da Volontario»[72].

LE TRUPPE

Nell'esercito imperiale non esistevano grandi unità permanenti e le truppe consistevano esclusivamente in reggimenti e compagnie indipendenti a piedi o a cavallo. L'artiglieria non faceva parte delle truppe e i suoi ufficiali, compresi gli ingegneri, erano considerati tali a tutti gli effetti solo se in possesso un brevetto (*Patent*) conferentegli un grado in qualche unità di fanteria o di cavalleria. Il particolarismo dei singoli reggimenti era rafforzato dal fatto che il tedesco non divenne la "lingua di servizio" (*Dienstsprache*) comune che durante il regno di Maria Teresa: al tempo di Carlo VI in ogni reggimento si usava la lingua compresa dalla maggioranza dei soldati, mentre per le altre comunicazioni si utilizzava una *lingua franca* detta "tedesco militare"[73].

I colonnelli

Un reggimento prendeva il nome del suo colonnello titolare, di nomina imperiale, quasi sempre un generale che lasciava il comando effettivo a un ufficiale col grado di tenente colonnello o colonnello: in seguito furono istituite le cariche distinte di *Obrist-Inhaber* (proprietario) e *Obrist-Kommandant* (comandante).

In Sicilia gli unici reggimenti comandati dal proprio colonnello titolare furono quello di fanteria *Traun* e i corazzieri *Lobkowitz*. Un caso particolare era rappresentato dal reggimento *Carl Lothringen* il cui comandante, figlio secondogenito del duca di Lorena, era un bambino nato nel 1712.

Il colonnello aveva prerogative molto ampie, potendo accordare congedi, ammettere cadetti e concedere promozioni; quelli dei reggimenti di fanteria e dragoni godevano perfino dello *ius gladii et aggratiandi*, ovvero il diritto di vita e di morte, su tutti i dipendenti, esclusi gli ufficiali superiori (Per i reggimenti di cavalleria, nei quali in origine doveva essere ammessa solo gente di nobile estrazione, questa prerogativa era riservata al Consiglio aulico di guerra). Anche i criteri di addestramento erano stabiliti dal colonnello e quindi differivano da unità a unità: salendo al trono Maria Teresa ebbe modo di constatare che «Ogni reggimento aveva un diverso ordine di marcia, era addestrato e si formava in modo differente. Una unità si schierava rapidamente e l'altra lentamente. Termini e ordini uguali erano interpretati in modo diverso da ciascun reggimento»[74].

L'ordine di precedenza dei reggimenti variava in base al grado e all'anzianità di servizio del colonnello. Non esisteva un sistema fisso di precedenze come negli eserciti francese, spagnolo e sabaudo e, per evitare errori, molte tabelle riassuntive elencavano i reggimenti in ordine alfabetico. La questione era molto importante in

---

72   Riferimenti a "volontari" in Sicilia in *Avvisi*, 15 luglio, 5 e 30 agosto 1719 (nn. 121, 132, 151) e 6 gennaio, 16 marzo, 14 agosto 1720 (nn. 3, 47, 136).
73   *Duffy*, pp. 13-14.
74   *Ibidem*, p. 146.

Tav. 12 Corazziere reggimento Eck (poi Locatelli) in esercitazione.

un'epoca in cui molte attività della vita quotidiana (per esempio l'obbligo di scavare le latrine in un accampamento) erano regolate in base alla precedenza del reggimento. Solo nel 1769 l'esercito austriaco adottò il sistema di designare i reggimenti, oltre che col nome del proprietario, con un numero fisso assegnato seguendo l'ordine di precedenza esistente in quel momento.

Le omonimie erano frequenti: se due colonnelli avevano lo stesso cognome, i loro reggimenti erano distinti in "vecchio" (*Alt*) o "giovane" (*Jung*) a seconda del loro rango o dell'anzianità di servizio. Queste designazioni non erano fisse: nel 1703 il principe ereditario Karl Alexander del Württemberg divenne colonnello di un reggimento che fu denominato *Alt-Württemberg*, ma nel 1716, quando entrò in servizio un altro reggimento il cui colonnello era lo stesso duca, il nome *Alt-Württemberg* passò a questo. I colonnelli con lo stesso cognome potevano anche essere più di due, come avvenne in Sicilia, dove operarono tre reggimenti *Starhemberg*: in questo caso si adoperava sempre nome e cognome dell'*Inhaber*. Nel caso che un colonnello morisse il reggimento continuava a portare il suo nome, con l'aggiunta dell'appellativo "vacante" fino alla nomina del successore, che poteva avvenire diverso tempo dopo: in Sicilia il reggimento *Löffelholz*, il cui colonnello era morto nell'agosto 1719, mantenne il suo nome per tutto il resto della guerra. Malgrado i continui cambiamenti di nome lo spirito di corpo di questi reggimenti era molto forte: alcuni avevano privilegi particolari, talvolta risalenti alla Guerra dei Trent'anni, che i colonnelli erano tenuti a rispettare.

Il reclutamento

L'esercito imperiale era formato reggimenti reclutati negli "Stati ereditari" o in Germania, salvo pochi reggimenti arruolati in Ungheria e i reggimenti "spagnoli" evacuati dalla penisola iberica, che traevano i loro complementi dal Ducato di Milano e dal Regno di Napoli. Gli eserciti "reali" erano autonomi anche riguardo il reclutamento.

Ogni reggimento era formato in prevalenza da soldati di un determinato territorio (a esempio il reggimento *Ottokar Starhemberg* da boemi e *Wetzel* da slesiani), ma i reclutatori accettavano quanti uomini validi si presentavano volontariamente, esclusi francesi, ebrei, turchi e zingari il cui arruolamento era proibito; molti reggimenti reclutavano anche nell'Impero e gli ingaggiatori si spingevano fino ad Amburgo[75]. Il numero degli uomini così reclutati era sempre incerto e spesso essi giungevano ai reggimenti con molto ritardo; per ovviare a questi inconvenienti nel 1690 del reclutamento si occuparono anche gli *Stände* territoriali (*Ständische Werbung*) che dovevano fornire un numero fisso di uomini di età compresa fra i 19 e i 46 anni scelti fra gli elementi della popolazione obbligati al servizio, sostanzialmente i contadini. In mancanza di volontari doveva farsi ricorso al sorteggio, ma in pratica alla selezione provvedevano i proprietari terrieri che costringevano ad arruolarsi vagabondi e figli di contadini. Questo sistema procurava reclute di scarsa qualità, ma essendo sicuro era il preferito in tempo di guerra e la maggior parte dei complementi inviati in Sicilia fu arruolata in questo modo. Il servizio militare durava tutta la vita (*lebenslängliche Dienstplicht*) a meno che un soldato fosse considerato inabile al servizio oppure ottenesse il congedo, come avveniva di frequente alla conclusione di un conflitto. La condizione dei soldati era meno penosa di quanto si possa pensare, poiché a quel tempo era cosa rara aver vitto e alloggio garantiti e in tempo di pace essi erano impegnati di solito solo per l'addestramento mattutino e i turni di guardia (che in media occupavano una giornata su tre) restando liberi per il resto del tempo; inoltre era uso conceder loro lunghe licenze (pratica ufficializzata nel 1722). Nondimeno vincolarsi per tutta la vita era gravoso, ma solo nel 1741 i reggimenti stanziati in Slesia e nell'Austria anteriore furono autorizzati ad arruolare soldati per un limitato numero di anni, concessione estesa nel 1757 a tutti i reggimenti che poterono ingaggiare uomini per sei anni o per la durata delle guerra[76].

---

75 *Avvisi*, 19 febbraio, 16 e 19 marzo 1718 (nn. 29, 44 e 46).
76 *Oesterreicher Erbfolge-Krieg 1740-1748*, I. Band 1. Theil *Vorbemerkung*, Wien, L. W. Seidler & Sohn, 1896, p. 464 e *Duffy*, p. 50. Le *Campagne del Principe Eugenio di Savoia* abbondano di particolari sul reclutamento, ma tacciono sulla durata dell'ingaggio; la situazione delineata in *L'esercito imperiale*, La fanteria (2), p. 7, è più o meno quella della guerra dei Sette Anni.

Il reclutamento in Lombardia e nel Regno di Napoli

Le poche reclute arruolate in Lombardia erano appena sufficienti per mantenere a numero i due reggimenti "lombardi" esistenti; nel 1717 il tentativo di reclutarvi i due reggimenti "spagnoli" di fanteria stanziati in Ungheria ebbe esito disastroso e fu rapidamente abbandonato, per quanto si fossero arruolati anche i condannati per piccoli delitti e prelevate reclute del reggimento *Luccini*. Alla fine di quell'anno il GFWM Stampa e il colonnello Corié proposero di costituire due nuovi reggimenti di fanteria, ma l'offerta fu rifiutata apparendo molto difficile trovare le reclute necessarie. Nel 1718 il reggimento dragoni *Hamilton* fu ricostituito dopo le perdite subite in Sardegna con cinquecento uomini arruolati in Germania. Quando poi il reggimento *Luccini* fu portato a tre battaglioni e mandato di presidio in Sicilia, per trovare delle reclute si dovette nuovamente far ricorso ai detenuti[77].

Nel Regno di Napoli era reclutato localmente solo un reggimento di dragoni (*Roma*) poiché il governo asburgico, non fidandosi dei soldati "napoletani" e "spagnoli" (in realtà napoletani di discendenza spagnola), li aveva incorporati nei reggimenti di fanteria provenienti dalla Spagna e mandati in Ungheria. Questi reggimenti avrebbero dovuto reclutare nel regno, ma la prospettiva di prestare servizio per tutta la vita in terre lontane ridusse a zero gli arruolamenti, tanto che il 9 gennaio 1717 «furono da questo Sig. Vice-Rè rilasciati per Segreteria di Guerra ordini circolari per le Regie Audienze del Regno, perche [sic] spedissero in questa Capitale tutti li Delinquenti, che si trovassero detenuti nelle loro Priggioni [sic], per essere questi condannati alle Galere, ò alla Guerra, à misura de' loro delitti». Il servizio militare divenne così una pena vera e propria e ben presto i «Condannati alla Guerra» affluirono incatenati all'arsenale di Napoli per essere selezionati: quelli abili alle armi erano inviati in Ungheria via Manfredonia e Fiume sotto buona scorta, gli altri adibiti a lavori vari; ma non bastando neppure questi furono reclutati a forza disoccupati e vagabondi[78].

I reggimenti "capitolati"

La principale fonte di reddito di molti principi tedeschi era costituita dalla pratica di "affittare" per alcuni anni all'imperatore o ad altri stati dei reggimenti "capitolati" (*Miet-Regiementer*), formati da unità preesistenti o reclutati per l'occasione. Il contratto d'affitto, detto "capitolazione", poteva essere rinnovato alla scadenza, altrimenti i reggimenti rientravano in patria: accadeva spesso però che essi fossero incorporati dell'esercito imperiale. In Sicilia combatterono i reggimenti "capitolati" di fanteria *Bayreuth*, *Baden-Durlach*, *Anspach*, *Alt-Württemberg* e *Prinz Maximilian von Hessen-Kassel* e quello di dragoni *Anspach*[79].

Soldati da Venezia

Dopo il 1718 una nuova fonte di reclute per l'esercito imperiale fu costituita dai soldati che avevano prestato servizio per la Repubblica di Venezia ed erano stati congedati dopo la pace di Passarowitz. Già il 30 ottobre 1717 il principe di Waldeck aveva proposto di trasferire all'esercito imperiale i due reggimenti che aveva "affittato" ai veneziani, ma l'offerta non venne accettata, parendo inopportuno indebolire un alleato prima della conclusione della pace. Terminato il conflitto, il feldmaresciallo Schulemburg offrì all'imperatore i tre reggimenti da lui formati per la Repubblica di Venezia, ma per motivi politici fu preferito non assumere in servizio unità complete. Questi soldati furono quindi impiegati come complementi per rinforzare sia le truppe impiegate in Sicilia (939 partirono col corpo del FML Bonneval), sia quelle di presidio nel Regno di Napoli; quanti appartenevano a nazionalità escluse dai reggimenti imperiali, o che non volevano militare contro Filippo V, rimasero invece in Lombardia[80].

---

77   *Avvisi*, 24 marzo 1717, 28 aprile, 19 maggio 1717 (nn. 48, 68, 80), 18 maggio 1718 (n. 80), 16 luglio 1721 (n. 116); *Campagne*, XVIII, p. 24 Suppl.

78   *Avvisi*, 3 febbraio 1717 (n. 19); v. anche 9 e 23 febbraio e 30 marzo 1718 (nn. 23, 31, 51), 2 aprile 1721 (n. 53).

79   Notizie dettagliate sulla formazione e le operazioni in Sicilia di due di questi reggimenti in ALBERT PFISTER, *Denkwürdigkeiten aus der württembergischen Kriegsgeschichte*, cit., pp. 1-139 e CARL VON STAMFORD, *Das Regiment Prinz Maximilian von Hessen-Cassel*, cit.

80   La proposta del principe di Waldeck in *Campagne*, XVIII, p. 49, ove causa la traduzione mal fatta sembra che l'offerta sia stata accettata: cfr. invece *Feldzüge*, XVIII, p. 61 e *Campagne*, XVII, p. 227. Per i soldati forniti da Schulemburg v. *Campagne*, XVIII, pp. 132-133, 146 e 41 suppl.; v. anche *Avvisi*, 2 agosto e 25 ottobre 1719 (nn. 130 e 188).

REGGIMENTI A PIEDI

Nell'agosto 1717 Carlo VI aveva al suo servizio cinquantasei «reggimenti a piedi» (*Regimenter zu Fuß*), dei quali quarantanove "tedeschi" (compresi sette "capitolati"), uno di aiduchi ungheresi e sei "spagnoli"; vi erano inoltre otto reggimenti reclutati nei Paesi Bassi meridionali di cui egli non aveva piena disponibilità. A partire dal 1718 nei documenti ufficiali comincia a comparire la denominazione «reggimento di fanteria» (*Infanterie-Regiment*), ma quella antica rimase nell'uso comune fino all'inizio della guerra di successione austriaca. Durante la guerra contro la Spagna fu formato solo un nuovo battaglione per il reggimento *Giulay*[81].

I reggimenti "tedeschi"

Dal 1711 un reggimento "tedesco" aveva quindici compagnie moschettieri (*Musquetier-Compagnien*) di 140 uomini ciascuna divise in tre battaglioni e due compagnie granatieri (*Grenadier-Compagnien*) di 100, per un totale di 2.300 uomini escluso lo stato maggiore. Naturalmente si trattava di effettivi teorici (in realtà i combattenti erano assai meno), tuttavia si trattava di organici sensibilmente più forti e di un numero di compagnie inferiore rispetto ai reggimenti francesi e spagnoli. Anche se ormai tutti i soldati erano armati di fucili con acciarino a pietra focaia, si continuava a usare il termine *Musquetier* poiché tanto le armi a miccia quanto quelle a pietra focaia erano chiamate *Musquet*.

Una compagnia moschettieri contava 1 capitano (*Hauptmann*), 1 tenente, 1 alfiere (*Fänrich*), 1 sergente (*Feldwäbel*), 1 portabandiera (*Führer*), 1 furiere, 1 scrivano addetto ai ruoli (*Muster-Schreiber*), 1 "barbiere di campo" (*Feldscherer*) che serviva da chirurgo, 6 caporali, 12 appuntati (*Gefreiten*), 4 musicanti (pifferi e tamburi), 4 trabanti (*Fourier-Schützen*) e 106 soldati.

Il *Führer* (letteralmente «guida») era incaricato del trasporto della bandiera, che consegnava all'alfiere quando doveva essere spiegata in occasione di battaglie, parate o simili; i caporali erano considerati sottufficiali (come si usa ancora oggi in molti eserciti). Una compagnia granatieri aveva 1 capitano, 1 tenente, 1 sottotenente (di rango superiore all'alfiere), 1 sergente, 1 furiere, 1 "barbiere di campo", 4 caporali, 2 musicanti, 2 trabanti e 86 granatieri (considerati come appuntati).

Dal punto di vista amministrativo si distingueva invece tra le compagnie comandate dagli ufficiali superiori del reggimento (*Stabs-Compagnien*) e le altre (*Ordinäre-Compagnien*). Le prime erano designate in base al grado del loro comandante, salvo quella del colonnello titolare denominata, con espressione intraducibile, *Leib-Compagnie*: le "ordinarie" invece prendevano il nome dai loro capitani. Essendo considerati capitani gli ufficiali superiori ne riscuotevano la paga (oltre quella del loro grado), ma in pratica la loro compagnia era comandata dal tenente: tale situazione di fatto portò nel 1748 all'istituzione della carica di "capitano-tenente".

Le compagnie erano ripartite tra i battaglioni in base al rango e all'anzianità dei loro comandanti (quella del maggiore faceva parte del *Leib-Bataillon*), per cui la loro composizione era variabile. I nomi dei battaglioni erano:
- *Leib-Bataillon*, che nello schieramento prendeva posto all'ala destra, considerata il primo posto d'onore;
- *Obersten-Bataillon*, all'ala sinistra (secondo posto d'onore);
- *Oberst-Lieutenants Bataillon*, al centro.

Il maggiore non aveva un proprio battaglione, ma in pratica comandava il *Leib-Bataillon*, perché il colonnello titolare era quasi sempre assente.

Lo stato maggiore era composto da 1 quartiermastro di reggimento, 1 uditore, 1 cappellano, 1 segretario, 1 aiutante (*Wachtmeister-Leutnant*), 1 addetto ai viveri (*Proviant-Meister*), 1 addetto ai trasporti (*Wagen-Meister*), 1 professo con i suoi aiutanti. Il 16 febbraio 1718 venne aggiunto un chirurgo con rango di sottufficiale detto "barbiere di campo reggimentale" (*Regiments-Feldscherer*): anche lui aveva dei "lavoranti" (*Feldscherer-gesellen*). Vi erano poi altre cariche che non compaiono negli organici ufficiali, quali gli zappatori, denominati "falegnami" (*Zimmerleute*, singolare *Zimmermann*), funzione disimpegnata da alcuni soldati, oppure il "tamburo

---

81   *Campagne*, XVI, pp. 31-35 e 46-47. Per la nuova denominazione v. *Wrede*, I, p. 38; il battaglione *Colmenero di Walderis* era un reparto di guarnigione (v. il capitolo sulle compagnie franche).

maggiore" (*Regiments-Tambour*) incaricato dell'istruzione dei musicanti, solitamente un sottufficiale pagato dal comandante. Esisteva anche una piccola banda composta da suonatori di oboe, mantenuta a spese degli ufficiali: non avendo un organico fisso la sua composizione poteva però variare (quella di uno dei tre reggimenti *Starhemberg* impegnati in Sicilia comprendeva perfino un "cappello cinese" catturato in Ungheria)[82].

L'amministrazione si basava sulla compagnia che quindi manteneva sempre la propria individualità, mentre il battaglione era solo una formazione di carattere tattico: qualora gli effettivi fossero pochi era usuale ridurre il numero dei battaglioni e accorparne le compagnie per formarne altri più forti. Per esempio la maggior parte dei reggimenti che operarono in Ungheria nel 1716-1718 iniziarono la campagna su tre battaglioni, ma furono poi ridotti a due in seguito alle perdite subite. L'idea secondo cui uno dei battaglioni sarebbe servito come deposito per l'addestramento delle reclute è anacronistica: nessun capitano del tempo avrebbe perso tempo ad addestrare dei soldati di cui sapeva di non potersi servire. Si tratta dell'interpretazione inesatta di una proposta non accolta del principe Eugenio, che nel 1711 aveva suggerito di destinare uno dei battaglioni al servizio di guarnigione[83].

Le compagnie granatieri sceglievano i loro complementi fra i moschettieri, per cui erano quasi sempre a numero; esse dipendevano direttamente dal comandante del reggimento, ma per le operazioni campali era norma formarne battaglioni provvisori a loro volta riuniti in "corpi" di composizione variabile. Era anche comune costituire "distaccamenti" temporanei formati da ufficiali e soldati tratti da diverse compagnie moschettieri per adempire funzioni particolari.

Il reggimento aiduchi

I reggimenti a piedi reclutati in Ungheria erano denominati «reggimenti aiduchi» (*Hayducken-Regimenter*) con palese riferimento al loro modo di combattere, simile a quello dei briganti balcanici detti appunto «aiduchi» (al termine fu poi attribuita un'origine ungherese facendolo derivare dalla provincia di Hajdú). Il loro *status* (*Rang*) era inferiore a quello delle altre truppe, ussari compresi, per cui essi dovevano cedere il passo agli altri reggimenti, anche di formazione nuova, gli ufficiali erano sottoposti a quelli di grado uguale ma inferiore come anzianità e soprattutto paghe e premi d'ingaggio erano più bassi rispetto agli altri corpi. Questi reggimenti non davano molto affidamento tanto che nel 1711, quando il reggimento *Neumann* passò ai ribelli ungheresi, essi furono ridotti a uno solo che per maggior sicurezza venne stanziato in Lombardia.

Verso la fine del 1717 il reggimento aiduchi *Gyulai*, formato fino allora da dieci compagnie di 200 uomini ciascuna formati in due battaglioni, fu portato a sedici compagnie per complessivi 2.440 uomini; in tale occasione il colonnello titolare GFWM conte Giulay indirizzò al principe Eugenio un memoriale chiedendo, per facilitare il reclutamento, che al reggimento fosse accordato uno *status* uguale agli altri. Carlo VI lo concesse e il reggimento *Gyulai* fu quindi posto sul "piede" di 17 compagnie e 2.300 uomini come i reggimenti "tedeschi", mantenendo però la qualifica di "aiduchi" fino alla morte di Carlo VI (1740)[84].

I reggimenti a piedi "spagnoli"

L'organico dei sei reggimenti "spagnoli" (*Luccini, Barbon, Ahumada, Alcaudete, Marulli, Faber*) era basato sul *Nuevo Reglamento* emanato a Barcellona il 20 marzo 1706, in base al quale un reggimento di fanteria *austracista* doveva comporsi di 1.100 uomini in undici compagnie (compresa una di granatieri) e lo stato maggiore. Una compagnia ordinaria aveva cento uomini (un capitano, un tenente, un alfiere, due sergenti, un furiere, quattro caporali, due tamburi e 88 soldati), quella di granatieri novanta (un capitano, un tenente, due sergenti, un furiere, tre caporali, due tamburi e 80 granatieri); lo stato maggiore (*Primera plana*) contava cappellano,

82   *Kostka*, pp. 7-8; v. anche *Portionen Buch*, pp. 57-64 (che differisce in alcuni dettagli), *Wrede*, I, p. 36 e MAXIMILIAN LUDWIG VON REGAL, *Reglement Uber ein Kayserliches Regiment zu Fuß*, Nürnberg, Johann Georg Lochner, 1728; per le caratteristiche dei singoli gradi v. *Imperial Austrian Army*, pp. 125-127 e *L'esercito imperiale*, Fanteria (2), pp. 9-10. Notare che il regolamento del 1718 che istituiva il "barbiere di campo reggimentale" prevedeva la soppressione di quelli di compagnia, che invece continuarono a esistere (v. il capitolo sui servizi). Il "cappello cinese" di *Starhemberg* fu preso dagli spagnoli: v. *Sorando Muzás*, p. 128.

83   *Campagne XVI*, pp. 43-47; *Wrede*, II, p. 569.

84   Il principe Eugenio all'imperatore, 18 dicembre 1717, in *Campagne*, XVIII, pp. 26-27 suppl.; v. anche *Wrede*, I, p. 470.

uditore, due aiutanti, furiere maggiore, chirurgo maggiore con due assistenti, *Carcelero* (profosso) e tamburo maggiore. I tre ufficiali superiori del reggimento (colonnello, tenente colonnello e maggiore) erano compresi fra i capitani[85].

Col passar del tempo questi effettivi subirono molte variazioni: nel luglio 1714 il reggimento *Barbon* in Sardegna contava 14 compagnie con 1.158 uomini, mentre nella primavera del 1715 *Luccini* in Lombardia e i quattro stanziati in Ungheria avevano tredici compagnie e 1.500 uomini ciascun. Il reggimento *Pius Prinz von Savoyen* citato da Wrede non è mai esistito: l'autore ha equivocato alcuni documenti riferiti al principe Luigi Pio di Savoia dei duchi della Mirandola (famiglia cui il predicato «di Savoia» era stato conferito a titolo onorifico nel 1450)[86].

I reggimenti a piedi in Sicilia

Resta difficile stabilire il numero esatto dei battaglioni operanti in Sicilia, perché la carenza di effettivi portò a scioglierli con frequenza, ricostituendoli all'arrivo dei complementi. La pratica era facile non avendo riflessi amministrativi (la divisione del reggimento in battaglioni aveva esclusivo carattere tattico), il che spiega le frequenti variazioni nel numero di battaglioni attribuiti a un reggimento. Verso la metà di ottobre 1719 erano in Sicilia 41 battaglioni (uno di *Guido* e *Max Starhemberg*, *Wetzel*, *Toldo*, *Alt-Wallis*, *Seckendorf*, *Karl Lothringen*, *Gyulai*, *Lampruch* e *Luccini*; due di *Alt-Württemberg*, *Bayreuth*, *Löffelholz*, *Königsegg*, *Zum Jungen*, *O'Dwyer*, *Ottokar Starhemberg*, *Anspach*, *Baden-Durlach*, *Browne* e *Langlet*; tre di *Diesbach*, *Hessen-Kassel* e *Traun*), passati a 46 nel gennaio 1720, senza che nell'isola ne fosse giunto alcuno nuovo[87].

Le formazioni di granatieri, essendo improvvisate, erano ancora più variabili. Per esempio quando l'esercito del GdC Mercy lasciò il campo di Merì il 17 giugno 1718, con l'avanguardia del FML Wallis mossero diciannove compagnie di granatieri agli ordini dei colonnelli Neipperg e Parisoni; ma alla battaglia di Francavilla (20 giugno 1719) la colonna del FML Wallis aveva undici compagnie, quella del FZM Zum Jungen dodici e l'altra del FML Seckendorf soltanto una. Alla battaglia di Milazzo (15 ottobre 1718) sembra invece che le compagnie granatieri siano rimaste aggregate ai battaglioni impegnati. La pratica dei "distaccamenti" rende poi impossibile, in mancanza di documenti, identificare i reparti impegnati nelle operazioni minori.

REGGIMENTI A CAVALLO

Formalmente erano considerati «reggimenti a cavallo» (*Regimenter zu Roß*) solo quelli di cavalleria pesante (detti comunemente «corazzieri»), ma ormai con tale denominazione si indicavano tutti i reggimenti montati, fossero corazzieri, dragoni o ussari. Intorno al 1718 al posto «reggimento a cavallo» fu introdotta le denominazione di «reggimento di cavalleria» (*Reuter-Regiment*, poi *Reiter-Regiment*, alla lettera «reggimento cavalieri»). Nell'agosto 1717 si contavano in tutto 43 reggimenti montati, dei quali 23 di corazzieri, 15 di dragoni e 5 di ussari: sei di essi erano considerati "spagnoli" e avevano organici particolari (La cavalleria *austracista* non usava la corazza, ma i due reggimenti stanziati in Ungheria ne erano stati dotati). Vi erano inoltre tre reggimenti reclutati nei Paesi Bassi austriaci (uno di corazzieri e due di dragoni) e un piccolo reggimento milanese di guardie a cavallo, che non faceva parte delle truppe mobili[88]. L'unico reggimento formato durante la guerra contro la Spagna fu uno di dragoni "capitolato" con il margravio di Anspach.

---

85   *Nuevo reglamento assi por el rango de generales como de regimientos, artilleria y oficios*, Barcelona, Rafael Figueró, 1707, s.n.t., pp. 19-21, 36-37: questo regolamento è alquanto confuso e deve essere interpretato avendo presenti gli usi del tempo (per esempio nello stato maggiore figura anche il servitore del *Carcelero*, pagato da questi, che però non è compreso nel totale, che tiene conto solo degli individui con paga propria). In *L'esercito imperiale*, Fanteria (2), pp. 20-21 è riportato un organico diverso.

86   Dislocazione e organici nel 1714/1715 in *Campagne*, XVI, pp. 32, 34, 47; v. anche Appendice II. Il reggimento *Pius Prinz von Savoyen* è citato in *Wrede*, II, p. 182.

87   *Campagne*, XVIII, pp. 159-160 e app. 11, ALBERT PFISTER, *Denkwürdigkeiten aus der württembergischen Kriegsgeschichte*, cit., p. 111.

88   I 43 reggimenti sono elencati in *Campagne*, XVI, pp. 31-35, compreso il reggimento *Carreras* erroneamente considerato di dragoni; per il reggimento *Somaglia* v. il capitolo sulle guardie. Per *Wrede*, II, p. 16 i reggimenti nel 1715 erano 44 (compresi quelli dei Paesi Bassi), ma si tratta di una svista.

Tav. 13 Dragone del reggimento Hamilton (milanese) e ufficiale generale.

I corazzieri

Nel 1717 i reggimenti di corazzieri erano 23, contando anche i tre "spagnoli" *Córdoba* e *Vásquez* in Ungheria e *Carreras* in Sardegna (che non portando la corazza era tale solo di nome), oltre uno reclutato nei Paesi Bassi austriaci.

Un reggimento di corazzieri "tedesco" era formato su dodici compagnie "cavalieri" (*Reutern*) e una di carabinieri costituita nel 1715, in tutto 1.094 uomini oltre lo stato maggiore.

Una compagnia "cavalieri" aveva 1 capitano (*Rittmeister*), 1 tenente, 1 cornetta (*Cornett*), 1 sergente (*Wachtmeister*), 1 furiere, 1 scrivano addetto ai ruoli, 1 "barbiere di campo", 1 trombettiere, 1 sellaio, 1 maniscalco, 3 caporali e 70-71 soldati. Le prime otto compagnie avevano in tutto 83 uomini, le ultime quattro 84.

La compagnia di carabinieri era formata di 94 uomini: 1 capitano, 1 tenente, 1 sottotenente, 1 sergente, 1 furiere, 1 scrivano addetto ai ruoli, 1 "barbiere di campo", 1 trombettiere o tamburo, 1 sellaio, 1 maniscalco, 4 caporali e 89 soldati.

Lo stato maggiore era composto da 1 quartiermastro di reggimento, 1 uditore, 1 cappellano, 1 segretario, 1 aiutante, 1 addetto ai viveri, 1 addetto ai trasporti, 1 timballiere, 1 profosso con i suoi aiutanti; nel 1718 fu aggiunto il "barbiere di campo reggimentale" (chirurgo) con i suoi "lavoranti".

Come nella fanteria gli ufficiali superiori del reggimento erano contati fra i capitani. Le dodici compagnie "cavalieri" erano riunite a formare sei squadroni, comandati dagli ufficiali superiori (quello del colonnello titolare era detto *Leib-Esquadron*) o dai capitani più anziani. La compagnia di carabinieri formava uno squadrone da sola, forse perché, reclutando all'interno del reggimento, era sempre assai più forte delle altre[89].

I dragoni

Nati come fanteria montata, i dragoni si erano da tempo trasformati in cavalleria pur conservando la capacità di combattere appiedati: a ricordarne l'origine come corpo di fanteria restavano alcune particolarità e soprattutto le paghe, inferiori a quelle dei corazzieri. Nel 1717, non contando i due reclutati nei Paesi Bassi meridionali, i reggimenti dragoni erano 15, tre dei quali "spagnoli" (sbagliando viene spesso considerato appartenente ai dragoni anche il reggimento di cavalleria *Carreras*). Il 28 gennaio 1718 fu "capitolato" col margravio di Anspach un nuovo reggimento di dragoni, subito inviato in Lombardia.

L'organico di un reggimento di dragoni "tedesco" era identico a quello di un reggimento corazzieri, salvo che alcuni gradi portavano le denominazioni in uso nella fanteria (*Hauptmann*, *Fähnrich*, *Feldwäbel*) e i tamburi rimpiazzavano i trombettieri; analogamente la compagnia scelta era detta "di granatieri a cavallo". Qualche diversità esisteva nella composizione dello stato maggiore, poiché solo i reggimenti che avevano catturato una coppia di timpani in battaglia potevano farne uso e avere un timballiere; in compenso i dragoni avevano bande come i reggimenti di fanteria[90].

Gli ussari

Per lungo tempo la cavalleria leggera dell'esercito imperiale consistette in reparti più o meno regolari di esistenza fugace, ma nel 1688 un "corpo franco" di ussari fu trasformato in un reggimento permanente, dando così origine alla specialità. Diversamente dai dragoni, gli ussari (allora si scriveva *Hussarn* o *Houssarn*) erano considerati parte della cavalleria vera e propria.

Nel 1717 vi erano cinque reggimenti di ussari ciascuno su dieci compagnie di 60 uomini e lo stato maggiore, identici a quelli dei corazzieri, ma con solo 47 soldati semplici per compagnia. Le dieci compagnie potevano essere raggruppate in cinque squadroni, ma questo si effettuava raramente perché gli ussari erano solitamente impiegati a piccoli gruppi per ricognizioni e scorrerie.

89   *Kostka*, pp. 9-12; v. anche *Portionen Buch*, pp. 67-74; per i singoli gradi v. *Imperial Austrian Army*, p. 26 e *L'esercito imperiale*, La cavalleria (1), pp. 25-27.
90   *Kostka*, p. 12; v. anche *Portionen Buch*, pp. 75-80 e *Imperial Austrian Army*, p. 72. A quel tempo l'unico reggimento dragoni in possesso di timpani era quello di *Rabutin*, che non operò in Sicilia (*Haussman*, p. 134).

▲ *Abito da ussaro nel libro di modelli di un sarto* (da *Das Schnittmusterbuch von Salomon Erb*) Segnalazione Robert Hall.

Nel "cartello" per lo scambio dei prigionieri stabilito con i francesi all'inizio del secolo era specificato che «Gli Ussari, ovvero Ungari, tanto officiali, che soldati, saranno trattati come la cavalleria» e il loro *status* di cavalieri era evidenziato dall'uso di timpani come i corazzieri[91].

I reggimenti a cavallo "spagnoli"

L'organico dei sei reggimenti "spagnoli" (*Carreras*, *Córdoba* e *Vásquez* di cavalleria, *Galbes*, *Hamilton* e *Roma* di dragoni) era basato sul *Nuevo Reglamento* del 20 maggio 1706, per il quale un reggimento di cavalleria *austracista* doveva comporsi di dieci compagnie, oltre lo stato maggiore. Una compagnia era formata da un capitano, un tenente, un cornetta o alfiere, un sergente, un furiere, tre caporali, un trombettiere o tamburo, un maniscalco e 47 soldati. Lo stato maggiore era costituito da cappellano, uditore, un aiutante, furiere maggiore, chirurgo maggiore con due assistenti, *Carcelero* (profosso), sellaio, timballiere (tamburo maggiore nei dragoni), due suonatori di oboe (solo per i dragoni). I tre ufficiali superiori del reggimento (colonnello, tenente colonnello e maggiore) erano compresi fra i capitani.

Nel 1715 i tre reggimenti stanziati in Ungheria (*Córdoba*, *Vásquez* e *Galbes*) erano su dodici compagnie e 600 uomini, ma erano quasi smontati (in novembre i dragoni Galbes avevano 154 cavalli, i due di corazzieri 100 ciascuno). Anche il reggimento di dragoni *Hamilton*, che aveva un organico simile ai reggimenti "tedeschi", era quasi smontato (nel maggio 1717 contava 835 uomini e 120 cavalli). Nel 1715 i dragoni *Roma* avevano dodici

91   ANTONIO BULIFON, *Giornale del viaggio in Italia…*, cit., p. 371; organici in *Kostka*, pp. 12-13 e *Portionen Buch*, pp. 83-88; dettagli in *Imperial Austrian Army*, pp. 101-103 e *L'esercito imperiale*, La cavalleria (1), pp. 46-47 e 52-53.

compagnie e 600 uomini (nell'autunno 1717 fu deciso di portarli a 1.094 uomini). Il reggimento *Carreras* dal luglio 1717 ebbe sette compagnie e 400 uomini[92].

La rimonta

Corazzieri, dragoni e ussari avevano cavalli diversi, la cui altezza al garrese (nei quadrupedi il punto più alto del dorso) era espressa in *Faust* (pugno), un'antica unità misura austriaca equivalente a 10,537 cm. I corazzieri erano montati su grossi cavalli, in grado di sopportare il peso della corazza, alti almeno 16 *Faust* (1,69 m. circa). Faceva eccezione il reggimento *Carreras*, di stanza in Sardegna, che non portando corazze poteva usare i cavalli locali. I dragoni avevano invece cavalli dell'altezza minima di 15 Faust (1,58 m. circa), meno robusti (e meno costosi) di quelli dei corazzieri. I cavalli degli ussari dovevano essere di razza ungherese e per essi non era stabilita alcuna altezza minima.

Per i reggimenti di stanza in Lombardia e nel Regno di Napoli rifornirsi di cavalli costituiva un problema perché la produzione equina della penisola italiana è sempre stata scarsa. Nel 1717 i reggimenti dragoni *Tige* e *Roma* povevano essere rimontati nel Regno di Napoli e probabilmente anche i reggimenti *Carreras* e *Hamilton* avevano cavalli di origine locale, ma per gli altri se ne doveva acquistare in Germania. In seguito la situazione peggiorò (solo i dragoni *Roma* continuarono a rimontarsi nel napoletano) al punto di dover smontare parte dei reggimenti stanziati negli Stati Ereditari e in Ungheria per provvedere i cavalli necessari[93].

I reggimenti a cavallo in Sicilia

Se stabilire con precisione quanti reparti di fanteria operarono in Sicilia è difficile, per quelli di cavalleria è praticamente impossibile. I reggimenti mandati nell'isola lasciarono nella penisola distaccamenti più o meno forti, mentre la mancanza di foraggio nel territorio controllato dagli austriaci obbligò più volte a ritirare in Calabria gran parte della cavalleria. Corazzieri e dragoni erano troppi per un terreno come quello siciliano, per il quale potevano bastare un paio di reggimenti: un documento datato 7 ottobre 1719 fa ascendere i sei reggimenti nell'isola a 3.174 uomini e 2.820 cavalli, ai quali poi si aggiunse il reggimento di corazzieri *Lobkowitz*[94]. Per gli ussari l'unità d'impiego fu sempre la compagnia. Nel luglio 1718 fu stabilito di mandare in Lombardia il reggimento *Ebergényi*, ma il principe Eugenio, trovandolo scarso di uomini e cavalli, gli unì il reggimento *Esterházy*, non molto più numeroso. Nell'aprile 1719 un distaccamento di circa 400 uomini di entrambi i reggimenti si lasciò la Lombardia e si pose in marcia per il Regno di Napoli arrivando il 12 giugno al campo di Merì. Nella battaglia di Francavilla gli ussari furono poco impegnati, distinguendosi invece in numerosi piccoli scontri e nelle azioni di "foraggiamento" (eufemismo per "requisizione"), terrorizzando gli abitanti con i loro metodi di guerra. L'afflusso di complementi dall'Ungheria permise di completare i due reggimenti e di rinforzare il contingente in Sicilia, ridotto nell'ottobre 1719 a meno di 300 uomini, saliti nell'aprile 1720 a un migliaio, con tredici compagnie nella Sicilia occidentale[95].

COMPAGNIE FRANCHE

L'espressione *Frei-Compagnien*, resa *ab antiquo* in italiano «compagnie franche», poteva avere significati diversi. Alla lettera essa significa semplicemente «compagnie indipendenti», ovvero non riunite in reggimenti, un tipo di unità molto diffuso nel Seicento in tutta Europa. Nel 1675 furono costituite alcune compagnie destinate al presidio delle piazzeforti, da cui poi trassero origine le «truppe di guarnigione». Infine come «compagnie franche» si indicavano anche le truppe semi-regolari impiegate contro le linee di comunicazione nemiche.

Compagnie indipendenti

Nel Seicento era normale incontrare in tutti gli eserciti compagnie indipendenti di fanteria e cavalleria, specie in tempo di pace: per esempio quando si «riformava» un reggimento spesso si lasciava sussistere la compagnia

---

92   ASMi, Militare, Parte antica, n. 208; *Nuevo reglamento..., cit.*, pp. 19-21, 33-36; Feldzüge, XVI, p. 63; *Campagne*, XVI, pp. 33-34 e XVIII, pp. 13, 44, 48, app. 4, p. 22 suppl.; *Wrede*, III, pp. 654, 663.

93   *Campagne*, I, pp. 258-259; Campagne, XVIII, pp. 48, 108, 158-159; *Avvisi*, 3 gennaio, 20 marzo 1720 (nn. 2, 50).

94   *Campagne*, XVIII, p. 150, non precisandosi se il numero degli uomini si riferisse solo ai soldati (come sembra probabile) o comprenda anche ufficiali e non combattenti.

95   *Avvisi*, 19 aprile e 24 giugno 1719 (nn. 65 e 105); *Campagne*, XVIII, pp. 63, 123, 150 e app. 11 e 13.

«colonnella». Dopo il lungo periodo di guerre iniziato alla fine del secolo questo tipo di unità era divenuto raro: nella guerra del 1717-1720 si trovano riferimenti a compagnie indipendenti solo in occasione dei combattimenti del 1717 in Sardegna, quando una compagnia di catalani e valenziani figura tra i difensori di Cagliari; anche i volontari aggregati allo sfortunato distaccamento Wallis dovevano essere organizzati in una o più compagnie[96].

Truppe di guarnigione
Nel 1675 furono costituite delle compagnie destinate in permanenza a presidio nelle piazze, alle quali erano destinati gli ufficiali e soldati più anziani oppure meno atti al servizio attivo. Queste compagnie erano truppe regolari a tutti gli effetti e in caso di necessità potevano essere chiamate a operare in campagna. Nei presidi maggiori le compagnie venivano spesso raggruppate a formare battaglioni e reggimenti di cui era colonnello il governatore della piazza: un corpo di questo tipo era il reggimento viennese della guardia cittadina, malgrado il nome pomposo (*Leib- und Stadt-Garde Regiment*) dovuto al saltuario impiego in funzioni cerimoniali.

Nel 1717 fu costituito un battaglione di quattro compagnie per presidiare il castello di Milano, che prese nome dal castellano conte Colmenero di Valderis. Secondo Wrede questo battaglione era reclutato localmente, come altre compagnie presidiarie esistenti in Lombardia e nel Regno di Napoli. Come al tempo degli Asburgo spagnoli esistevano anche alcune compagnie di «invalidi», simili alle precedenti, ma formate da soldati (anche «alemanni») non più atti a prestar servizio in campagna provenienti dagli eserciti spagnoli[97].

Corpi franchi
La compagnia indipendente era considerata il tipo di reparto più adatto a condurre la *petite guerre* (che i tedeschi chiamavano *Partisanen-Krieg*), ovvero la guerriglia, per cui l'espressione *Frei-Compagnie* o «compagnia franca» era presto divenuta sinonimo di «corpo franco» (*Frei-Corps*). Pur non trattandosi di truppe regolari per completezza è opportuno farne cenno in questa sede.

Unità di questo tipo furono largamente impiegate dagli austriaci sia nella guerra di successione spagnola, sia in quella contro gli ottomani. In Sicilia operò la compagnia di micheletti del capitano Torres formata alla fine di giugno 1719 da disertori catalani dell'esercito spagnolo e le cui vicende sono poco conosciute[98].

L'ARTIGLIERIA E GLI INGEGNERI MILITARI

Nell'esercito austriaco l'artiglieria non era considerata parte delle truppe e conservava ancora molte caratteristiche di una confraternita di artigiani, come indicava il termine *Büchsenmeister* (alla lettera «maestro delle armi da fuoco») usato per designare gli artiglieri, la maggior parte dei quali era stanziata nelle fortezze, formando quella che veniva detta *Haus-Artillerie* (letteralmente «artiglieria di casa»). Le operazioni campali, assedi compresi, erano invece affidate al semi-militarizzato *Feld-Artillerie-Corpo* [sic], che però non costituiva certo l'equivalente dei reggimenti di artiglieria esistenti negli altri eserciti. Gli stati già appartenenti agli Asburgo spagnoli avevano corpi di artiglieria separati, che mantennero a lungo la propria autonomia (quello dei Paesi Bassi austriaci lo conservò fino al 1772).

I cannonieri si occupavano solo della parte "tecnica", mentre al maneggio dei pezzi e agli altri lavori di fatica provvedevano soldati tratti dai reggimenti o anche facchini (nelle piazzeforti). Il personale incaricato della costruzione e della manutenzione del materiale d'artiglieria dipendeva dall'organo che dirigeva gli arsenali (*Obristes Land- und Haus-Zeug-Amt*) mentre quello preposto alle fortificazioni (*Fortifications-Zahl-Amt*) dirigeva gli ingegneri, che allora facevano parte dell'artiglieria[99].

---

96   [Cossu, Giuseppe], *Della città di Cagliari. Notizie compendiose sacre e profane*, Cagliari, Reale Stamperia, 1780, p. 135; *Campagne*, XVIII, p. 18.

97   *Wrede*, II, pp. 564-568. Per il battaglione *Valderis* v. ASMi, Militare, Parte antica, n. 208; *Avvisi*, 4 agosto 1717 (n. 128), 11 agosto 1717 (n. 132), 22 ottobre 1718 (n. 177); *Wrede*, II, p. 568; v. anche *Campagne*, XVIII, p. 142 suppl. dove il nome è trascritto erroneamente «Waldeck». Accenni a compagnie invalidi in *Campagne*, XVIII, pp. 23 e 142 suppl.

98   L'origine del nome in JOHN A. LYNN, *Giant of the Grand Siecle. The French Army, 1610-1715*, Cambridge (UK), Cambridge University Press, 1997, pp. 538-546. *Wrede* non cita la compagnia *Torres* su cui v. FRANCESCO MUSCOLINO, *Taormina, 1713-1720, cit.*, pp. 18-19; accenni in *Avvisi*, 20 marzo 1720 e *Campagne*, XVIII, p. 130.

99   Per un quadro generale v. ANTON DOLLECZEK, *Geschichte der österreichischen Artillerie*, Wien, Im Selbstverlage,

L'artiglieria campale

La denominazione *Feld-Artillerie-Corpo* [sic] (alla lettera "Corpo di artiglieria da campagna) può trarre in inganno, poiché il termine *Feld-Artillerie* indica da tempo l'artiglieria da campagna, mentre allora esso si riferiva allora a tutte le artiglierie mobili, comprese quelle destinate agli assedi. Il suo personale era incaricato del servizio dei pezzi che formavano i "parchi di artiglieria" al seguito degli eserciti, compresi i mortai e l'artiglieria reggimentale. Il corpo era stanziato in Boemia, regione da cui proveniva la maggior parte dei suoi componenti. Nel 1714 esso era stato riordinato in cinque compagnie di cannonieri (con 160 *Büchsenmeister* ciascuna oltre una compagnia minatori). Queste compagnie erano unità amministrative, da cui in tempo di guerra si traevano i distaccamenti che servivano i "treni" di artiglieria aggregati agli eserciti operanti, a ciascuno dei quali era aggregato un reparto di traino (*Roß-Partey*) formato da uomini e cavalli assoldati per l'occasione.

Il personale era diviso in varie categorie e molti gradi: nella guerra in Sicilia sono citati colonnello (*Obrister*), tenente colonnello (*Obrist-Leutnant*), «Supremo Capitano d'Artiglieria» (*Ober-Hauptmann*), «Capitano da cannone» (*Stück-Hauptmann*), «Gentiluomo da cannone» (*Stück-Juncker*), «Fuochista» vecchio e giovane (*Alter* e *Junger Feuerwerker*), Caporale cannoniere (*Büchsenmeister-Corporal*), che non avevano una precisa equiparazione con i gradi militari[100].

Il 18 marzo 1718 gli *Avvisi italiani* di Vienna diedero notizia che «gran parte dell'Artiglieria Cesarea da Campagna, acquartierata in quel Regno [di Boemia], stava per muoversi sotto Comando del Colonnello d'Artiglieria Sig. di Molck, con un Maggiore, 2 Capitani da Cannone, & altri Uffiziali, e Subalterni, 130 Cannonieri, e numero sufficiente di Serventi, come anco con parte della Compagnia di Minatori, dovendo incaminarsi [sic] per via di questa Città di Vienna, e di Gratz, alla volta di Fiume sul Littorale [sic] Adriatico, ove saranno imbarcati, e per via di Napoli trasportarsi in Sicilia»[101]. In tutto erano circa 200 uomini al comando del col. barone Siebert von Molckh (Molckheu), che però sbarcarono a Reggio (Calabria) poiché le condizioni delle strade siciliane escludevano il trasporto via terra dell'artiglieria pesante. Il parco d'assedio rimase a Reggio fin quando venne portato a Messina per operare contro la cittadella.

Artiglieria sarda, napoletana e lombarda

Il piccolo corpo di artiglieria del Regno di Sardegna contava una cinquantina tra ufficiali e cannonieri ripartiti tra Cagliari, Sassari e Castel Aragonese (oggi Castelsardo); essi non vanno confusi con gli artiglieri, assai meno preparati, che presidiavano le torri costiere, i quali continuarono a prestare servizio sotto le successive dominazioni dell'isola. A seguito dello sbarco spagnolo il FM Daun, viceré di Napoli, mandò in Sardegna su di una nave inglese nell'estate 1717 «2 ufficiali e 10 soldati di artiglieria» tratti dall'artiglieria napoletana[102].

In base al regolamento emanato il 10 aprile 1712 a Barcellona da Carlo VI come re di Napoli, gli artiglieri di quel regno formarono un reggimento su stato maggiore (colonnello, «sargente maggiore» e altri nove individui compresi due tamburi), quattro compagnie di cannonieri di 62 uomini ciascuna (compresi due ufficiali) e una compagnia di minatori di 54: in tutto 311 uomini. essendo previsto che i due ufficiali superiori comandassero una compagnia al posto di altrettanti capitani. Il nuovo corpo aveva soltanto fini amministrativi, facilitando il comando degli artiglieri sparsi nelle varie piazzeforti, torri e castelli del regno, per cui non aveva né medico né chirurgo (i due soli tamburi dovevano servire dove gli artiglieri erano più numerosi, cioè a Napoli), L'articolazione in compagnie dovette mostrarsi superflua, perché il successivo regolamento del 16 maggio 1715

1887, pp. 147-288; per il materiale usato in questo periodo v. *Campagne*, I, pp. 220-227; v. anche *Imperial Austrian Army*, pp. 238-240.

100   Per l'evoluzione del corpo di artiglieria campale dal 1700 al 1720 v. *Wrede*, IV, I. Theil, pp. 47-50; un quadro completo del personale in *Portionen Buch*, pp. 29-42.

101   *Avvisi*, 18 marzo 1719 (n. 48). Gerba scrive che dalla Boemia partirono 4 ufficiali, 92 cannonieri, 10 operai e 14 minatori (*Feldzüge*, XVIII, p. 141).

102   *Campagne*, XVIII, p. 14; per gli artiglieri delle torri v. J. A. PUJOL AGUADO, *España en Cerdeña (1717-1720)*, in *Studia Histórica. Historia Moderna*, vol. XIII (1995), pp. 191-214, in particolare pp. 211-212.

Tav. 14 Cannoniere e ufficiale di artiglieria.

non ne fa cenno, stabilendo invece la «Pianta» del «Corpo di artiglieria» in un colonnello, cinque capitani, un «Capo maestro Bombista», cinque gentiluomini, dieci «Bombisti vecchi», venti «Bombisti giovini», 10 caporali, 210 artiglieri, in tutto 262 uomini ripartiti nelle piazze, castelli e torri costiere, «con condizione che nel caso che questo Corpo dovesse servire in guerra viva, durante il tempo servirà abbia a godere il medesimo trattamento degli Artiglieri di Campagna» (il regolamento non menziona i minatori, comprendendoli forse tra gli artiglieri).

Inoltre vi dovevano essere 40 «scolari» i quali «in caso di servizio in

▲ *Esercizi militari: moschettieri* (da un regolamento del tempo).

Castelli, o Piazze del Regno, godranno la metà della paga d'Artiglieri di questo Corpo di Napoli ed in caso di servire in guerra viva goderanno di metà di soldo ed una razione di pane per ciascuno al giorno»: si trattava di artigiani napoletani scelti fra i muratori, falegnami e fabbri ferrai, obbligati a frequentare la domenica la scuola istituita nell'arsenale vicino alla fonderia. Nel gennaio 1719 l'artiglieria napoletana contava 282 uomini e parte degli ufficiali e degli artiglieri era di origine "tedesca", causa la diffidenza del governo asburgico verso gli elementi locali[103].

Nell'agosto 1718 14 bombisti «Tedeschi, e Paesani» si unirono al presidio sabaudo della cittadella di Messina, poi furono i cannonieri dell'artiglieria napoletana che servirono i pezzi inviati a Milazzo. Successivamente il ruolo di questa nelle operazioni in Sicilia fu secondario: alcuni artiglieri «con suoi Uffiziali Alemani» si imbarcarono per l'isola il 15 giugno 1719 e «buon numero de' nostri Bombisti» furono mandati il 3 settembre successivo da Reggio (Calabria) a servire nelle batterie che battevano la cittadella di Messina.

Alla guerra presero parte anche alcuni cannonieri milanesi mandati in Sicilia con il parco d'artiglieria assegnato al corpo del generale Bonneval. In Lombardia vi era allora un centinaio di artiglieri, divisi nei corpi del Ducato di Milano e del Ducato di Mantova[104].

L'artiglieria in Sicilia

Nell'isola fu impiegato materiale d'artiglieria eterogeneo, formato da pezzi diversi tratti dalle fortezze del Regno di Napoli e della Lombardia: in occasione dell'assedio della cittadella di Messina furono acquisiti anche 27 cannoni da 24 libbre e 12 da 18 offerti dall'ammiraglio Byng tolti agli spagnoli a Capo Passero[105]. Qualche pezzo di artiglieria da campagna giunse a Napoli dall'Ungheria, ma ben pochi furono mandati in Sicilia dove lo stato del terreno e delle strade ne rendevano problematico l'impiego. Nella battaglia di Milazzo (15 ottobre

103   Il regolamento del 1714 in AHN, Estado, libro 1002; quello del 1715 nel manoscritto *Ordini regi*, SOCIETÀ NAPOLETANA DI STORIA PATRIA, Ms XXVII-B-13 bis, n. 89: v. anche HHSA, Neapel Collectanea, Fz. 36 e *Campagne*, XVIII, p. 110.

104   *Avvisi*, 21 settembre 1718 (n. 158), 12 luglio 1719 e 11 ottobre 1719 (nn. 116 e 180) ; *Campagne*, XVIII, pp. 14 e 106. Per l'artiglieria lombarda v. *Avvisi*. 7 gennaio 1719 (n. 4) e 12 aprile 1719 (n. 61); *Campagne*, XVIII, pp. 44 e 23 suppl.

105   *Campagne*, XVIII, p. 135. Fu questa la sola occasione in cui vennero impiegati pezzi offerti da Byng: Corbett afferma falsamente che all'aiuto dell'ammiraglio si sarebbe fatto ricorso più volte perché il Regno di Napoli non sarebbe stato in grado di fornire le artiglierie necessarie ([T. CORBETT], *An account, cit.*, pp. 41, 55, 65).

1718) gli imperiali furono appoggiati da qualche pezzo in posizione fissa tolto alle fortificazioni della città, mentre a Francavilla (20 giugno 1719) Mercy intraprese il combattimento privo di artiglieria: solo il 27 giugno arrivarono al campo di Mercy sei cannoni reggimentali sbarcati dalle navi di Byng. In base alle norme in vigore ogni reggimento di fanteria avrebbe dovuto ricevere un paio di cannoni da 3 libbre (*Regiments-Stücke*) formandosi poi una *Artillerie-Reserve* con pezzi di vario calibro: in realtà la scarsa artiglieria da campagna rimase sempre concentrata alle dipendenze del comandante in capo. Per trainare un cannone da 3 libbre occorrevano sei cavalli, ma essendo questi praticamente introvabili in Sicilia furono rimpiazzati con muli. I pezzi pesanti mossero sempre via mare, salvo quelli che presero parte al breve assedio di Sciacca, trainati da Mazara (del Vallo) probabilmente da buoi requisiti ai contadini del posto[106].

Gli ingegneri militari

Dell'artiglieria facevano parte anche gli ingegneri militari sparsi nelle fortezze a seconda delle necessità, senza un'organizzazione stabile, limitandosi, in tempo di pace, alla manutezione e costruzione delle fortificazioni e a qualche saltuario rilievo topografico; in guerra gli ingegneri assegnati allo «stato maggiore» di un esercito campale prestavano servizio negli assedi. La compagnia minatori era invece aggregata all'artiglieria campale: nel 1704 il suo effettivo fu a 65 uomini. Per i lavori di sterro venivano impiegati soldati tratti dai reggimenti (che normalmente ricevevano un supplemento di paga per questa fatica addizionale) oppure «guastatori» reclutati fra i contadini[107].

Gli ingegneri avevano tutti un grado nelle truppe a piedi o a cavallo, per cui si parlava di «colonnello ingegnere», «capitano ingegnere» e così via: facevano eccezione solo gli «ingegneri conduttori» posti sul gradino più basso della scala gerarchica. Fra gli ingegneri imperiali i "tedeschi" erano pochi e molti venivano dalla Francia, dai Paesi bassi o dalla penisola italiana, oltre quelli degli stati già appartenenti agli Asburgo spagnoli. Nel 1716 l'esercito del Ducato di Milano aveva sei ingegneri e quello del Regno di Napoli cinque (un tenente colonnello *Ingeniero Mayor*, tre capitani e un tenente), proponendosi di aggiungere a questi ultimi una dozzina di «aiutanti ingegneri» equivalenti agli «ingegneri conduttori»[108].

Inizialmente, operarono in Sicilia gli ingegneri del Regno di Napoli e il tenente colonnello Gabriele Montani, milanese, *Ingeniero Mayor*, fu mandato in Calabria col FML Wallis, ispezionando la cittadella di Messina e Milazzo. Con l'arrivo del corpo di spedizione del GdC Mercy gli ingegneri napoletani furono affiancati da quelli imperiali, operando al comando del quartiermastro generale GFWM Schmettau. Gli ingegneri si distinsero all'assedio della cittadella di Messina, dove si mise in luce «il Sargente Maggiore d'Ingegneri» Francesco Monti (futuro GFWM caduto a Praga nel 1743); non fecero invece nulla per rimediare allo stato disastroso delle strade dell'isola, essendo cosa estranea ai compiti loro affidati. Concluse le ostilità Schmettau procedette personalmente ai rilevamenti per eseguire una carta dell'isola, di cui durante le operazioni i generali imperiali avevano avvertito la mancanza[109].

LE MILIZIE

I vari stati e territori posti sotto la sovranità di Carlo VI avevano le proprie milizie, la cui funzione è stata spesso fraintesa, dandosi la prevalenza ai compiti loro assegnati in tempo di guerra e trascurando quelli, assai più importanti, da esse svolti in tempo di pace: mantenimento dell'ordine, tutela della sanità (erano le milizie a presidiare i "rastelli" eretti per isolare le zone dove infieriva un contagio), lotta al banditismo, sorveglianza

---

106   Una collezione coeva di modelli di pezzi e affusti dell'artiglieria austriaca si trova a Bologna nel Museo di Palazzo Poggi: cfr. RENATO GIANNI RIDELLA, *La collezione di modelli e dipinti di artiglierie nel Museo di Palazzo Poggi a Bologna*, in *La Scienza delle Armi. Luigi Ferdinando Marsili 1670-1730*, a cura del Museo di Palazzo Poggi, Bologna, Edizioni Pendragon, 2012, pp. 143-153.

107   *Kostka*, p. 20 e *Oesterreicher Erbfolge-Krieg*, I. 1, *cit.*, pp. 242-244; *Campagne*, I, pp. 235-237 trattando degli ingegneri cerca di dare l'impressione che costituissero un corpo separato. Per i minatori v. anche *Portionen Buch*, pp. 45-46.

108   ASMi, Militare, Parte antica, n. 208, *Planta de los Cuerpos ...* cit. e HHSA, *Neapel Collectanea*, Fz.36.

109   *Avvisi*, 14 ottobre 1719 (n. 183), 7 dicembre 1720 (n. 207) e *Campagne*, XVIII, pp. 78, 82 e 187; v. anche PAOLO MILITELLO, *La Sicilia nella cartografia a stampa della prima metà del Settecento*, in *Agorà*, n. 23-24/2005, pp. 16-21.

delle coste.

Ordinamento e condizioni di arruolamento variavano, distinguendosi sempre tra le milizie cittadine (o "urbane") e quelle rurali, i cui obblighi erano più pesanti. Il servizio nelle milizie urbane, il cui impiego era limitato al mantenimento dell'ordine pubblico e alla guardia alle porte cittadine, veniva considerato una sorta di dovere civico; quello nelle milizie del contado era invece ritenuto un servizio militare vero e proprio, sia pure temporaneo, compensato con la paga nei periodi di attività e la concessione di alcuni privilegi. In alcuni stati esistevano anche le «Genti d'Armi», residuo dell'antica cavalleria

▲ *Esercizi militari: granatieri* (da un regolamento del tempo).

in armatura completa, che prive ormai di ogni funzione militare erano scadute a una sorta di milizia chiamata solo per qualche saltuaria rassegna o a servire come scorta d'onore di qualche personaggio illustre. I "guastatori" utilizzati per i lavori di sterro durante gli assedi non facevano parte delle milizie, anche se venivano reclutati in base al generale obbligo di servizio che gravava sui contadini.

La più efficiente tra le milizie dei domini di Carlo VI era quella istituita fra gli abitanti della zona di frontiera con l'impero ottomano, impegnata in continue scaramucce e che svolse un'importante funzione ausiliaria durante le campagne del principe Eugenio: ma non fu coinvolta nella guerra contro la Spagna perché i *Grenzer* (confinari) non furono impiegati fuori dei loro territori d'origine fino all'epoca della guerra di successione austriaca (1741-1748)[110].

Le milizie lombarde

Nel Ducato di Milano la «Milizia forese» reclutata nelle campagne, unica per tutto il ducato, dipendeva dal governatore ed era comandata da un «Maestro di Campo Generale». Secondo il regolamento emanato nel 1637 essa doveva contare 8.000 uomini (ridotti poi a 5.000) reclutati per sorteggio fra i contadini dai 18 ai 50 anni di età e divisi in «terzi» ciascuno col «maestro di campo». In tempo di pace questi «terzi» dovevano riunirsi solo per le «rassegne» che avevano luogo due volte l'anno, mentre in caso di guerra sostituivano nei presidi le truppe regolari. I miliziani godevano di alcuni privilegi, ma ricevevano le armi solo quando erano chiamati in servizio attivo, dopo di che dovevano restituirle ai capitani, che avevano l'obbligo di custodirle e di distribuire le paghe.

Le milizie urbane dipendevano invece dalle autorità civiche e il loro ordinamento variava da città a città. Quella milanese, formata da artigiani e agli ordini di «sopraintendente generale», era divisa in sei «terzi» corrispondenti alle principali porte della città, i cui «maestri di campo» e capitani dovevano essere patrizi milanesi. La milizia feudale a cavallo non è mai esistita: tale qualifica è stata erroneamente attribuita alla «Cavalleria dello Stato» di epoca spagnola, un corpo di truppe regolari sciolto all'inizio del secolo per dar vita ad alcuni reggimenti di cavalleria. Nel 1716 esistevano ancora 178 «Huomini d'arme» che continuarono a ricevere la paga finché non lasciarono il servizio e il corpo si estinse.

Nel Ducato di Mantova vi erano la milizia urbana della città di Mantova, il cui ordinamento era simile a

110   Per le varie milizie locali v. *Campagne*, I, pp. 101-133 e *Wrede*, V, pp. 3-85.

Tav. 15 Corazziere regg.to Visconti, ufficiale regg.to Zum Junghen, alfiere regg.to Alt-Wallis.

quello milanese, e le milizie "nazionali" del territorio regolate degli «ordini e privilegi» gonzagheschi rimasti in vigore fino al 1768. Si distingueva fra milizia "pedestre" e di cavalleria, retta ciascuna da un proprio «sovrintendente generale»: una particolarità era la tassa speciale che gli ascritti alla milizia erano obbligati a versare per le esenzioni di cui godevano[111].

Durante la guerra del 1717-1720 le milizie cittadine furono chiamate in servizio a custodia delle porte in sostituzione delle truppe regolari: nell'ottobre 1717 «Da questo Tribunale della Città [di Milano] in virtù de' suoi Privileggi si è poi formato un Reggimento di Milizia Urbana, del quale si mettono ogni giorno 6 Huomini di Guardie con un'Uffiziale per ciascuna Porta, ad effetto di osservare la qualità de' Forastieri, che si introducono; e questi non essendo conosciuti vengono condotti alla consegna del Sopraintendente delle sudette [sic] Milizie». «Nel dubbio degli attentati de' Spagnuoli contro questo Stato [di Milano]» nel giugno 1718 fu «stabilita l'unione di 3 mila Huomini delle Milizie Forensi, per disponere poi anco delle Urbane à misura delle ulteriori notizie, che andassero pervenendo, de' dissegni [sic] de' Nemici», ma non sembra che tali disposizioni abbiano avuto esecuzione[112].

Le milizie napoletane

Di origine molto antica, le milizie locali del Regno di Napoli erano state riordinate in epoca spagnola al fine di difendere le coste minacciate dalle continue incursioni dei corsari barbareschi, non bastando a questo fine le truppe regolari, compito che dovevano continuare a svolgere in caso di guerra. La milizia a piedi (detta il «Battaglione»), istituita nel 1563, reclutava uomini dai 20 ai 40 anni che possedessero beni del valore almeno di 100 ducati; essa rimase sempre formata da compagnie indipendenti, anche se nel 1615 furono nominati nove «sargenti maggiori» soldati di professione per sorvegliarne addestramento e disciplina. Nel 1566 furono formate in in Terra d'Otranto (attuali province di Lecce e Brindisi) delle compagnie a cavallo con i miliziani che possedevano una cavalcatura, istituzione estesa nel 1580 a tutto il regno dando origine alla milizia «della Sacchetta» (così detta da una sacchetta che i soldati portavano pendente dinanzi alla sella).

Con la milizia a cavallo non vanno confuse le «Genti d'Armi», che esistevano ancora, militarmente inutili ma conservate per non privare della paga i loro nobili componenti (e assicurarne il sostegno al governo). Ogni città aveva la propria milizia urbana il cui ordinamento variava: a Napoli essa consisteva dei nobili, borghesi e artigiani delle ventinove «Ottine» della città al comando dell'«Eletto del Popolo» (il rappresentante dell'alta borghesia nell'aristocratico governo municipale)[113].

Con l'avvento di Carlo VI nel 1707 (come re di Napoli l'arciduca Carlo fu sempre denominato così) le compagnie «del Battaglione» e «della Sacchetta» furono congedate, ma le due milizie continuarono a esistere sulla carta. Quando le «Gazzette» ne fanno cenno si riferiscono in realtà agli «armigeri» dei feudatari filo-asburgici, che formalmente ne facevano parte. Nell'agosto 1717 l'imperatore avrebbe voluto riattivare le milizie affidando loro compiti di guarnigione, ma il viceré FM Daun, non fidandosene, non lo ritenne opportuno; nell'inverno successivo fu invece chiamata in servizio la milizia a piedi e a cavallo dei «Presidi di Toscana», che si pensava di utilizzare per il presidio di Piombino[114].

---

111   *Wrede*, V, p. 85; SARA PEDRETTI, *Ai confini occidentali dello Stato di Milano: l'impiego delle milizie rurali nelle guerre del Seicento*, in *Alle frontiere della Lombardia. Politica, guerra e religione nell'età moderna*, a cura di CLAUDIO DONATI, Milano, FrancoAngeli, 2006, pp. 177-200, in particolare pp. 180-187; per la sussistenza degli «Huomini d'arme» cfr. ASMi, Militare, Parte antica, n. 208, *Planta de los Cuerpos ... que tienen assiento en estos Reales Officios del Sueldo ...* (18 dicembre 1716). Qualche accenno alle milizie mantovane in periodo asburgico in LEOPOLDO CAMILLO VOLTA, *Compendio della Storia di Mantova dalla sua fondazione sino ai nostri tempi*, V, Mantova, Francesco Agazzi, 1838, *passim*; v. anche EMANUELE PAGANO, *"Questa turba infame a comun danno unita". Delinquenti, marginali, magistrati nel Mantovano asburgico (1750-1800)*, Milano, FrancoAngeli, 2014, p. 48.

112   *Avvisi*, 20 ottobre 1717 (n. 176) e 13 luglio 1718 (n. 116).

113   Per le norme originali si rinvia al titolo *De Re Militari* in *Nuova collezione delle Prammatiche del Regno di Napoli*, tomo XIII, Napoli, Stamperia Simoniana, 1805, pp. 178-312; v. anche PLACIDO TROYLI, *Istoria generale del reame di Napoli*, tomo IV, parte III, Napoli, s.e., 1751, pp. 303-304.

114   *Avvisi*, 13 ottobre 1717 (n. 172) e *Campagne*, XVIII, pp. 48 (dove si scrive erroneamente che Carlo VI avrebbe voluto formare una «milizia nazionale» come se non fosse mai esistita) e 53.

Nel maggio 1718 le milizie contavano sulla carta ventiseimila uomini, diciotto mila a piedi e ottomila a caval-lo, mentre in realtà esistevano solo gli «armigeri» dei feudi posseduti da sostenitori del governo. Il 28 luglio di quell'anno 1.500 uomini del duca di Sorito e del marchese di S. Giorgio affluirono a Reggio (Calabria) per rinforzare le scarse forze del GFWM Schober; essi furono congedati il 10 agosto all'arrivo delle truppe del FZM Wetzel. Il timore di uno sbarco spagnolo portò anche a ricordare l'esistenza delle «Genti d'Armi», an-nunciandosi il 12 luglio che «si sono fatte 12 Compagnie di Huomini d'Armi à Cavallo, con facoltà di porre, e condurre ogn'uno di loro un Servitore: ciascheduna d'esse è di 100 Huomini, che servirà la persona del Sig. Vice-Rè in caso dovesse sortir in Campagna.» il cui comando era stato assunto dal duca di Martina «come anziano de' Capitani de' Genti d'Armi»[115]. Naturalmente queste compagnie rimasero del tutto inattive, come pure le milizie urbane delle città.

Le milizie sarde
Le uniche formazioni di milizia che presero parte attiva al conflitto furono quelle sarde, il cui atteggiamento fu però diverso a seconda dell'orientamento politico dei loro componenti (o meglio dei loro capi). Costituita nel 1575 per la difesa delle coste contro i corsari barbareschi la milizia campestre sarda era formata di uomini tra i 18 e i 50 anni ripartiti in compagnie indipendenti a piedi e a cavallo, sottoposte al controllo addestrativo e disciplinare di vari «sargenti maggiori» per la fanteria e due «commissari generali» per la cavalleria. Carat-teristico dellle milizie sarde era il gran numero di reparti a cavallo, montati su piccoli cavalli isolani e armati di lancia, arma altrove desueta. Non avevano niente a che fare con la milizia le "compagnie barraccellari", una sorta di società di mutua assicurazione contro l'abigeato di antica origine che esiste tuttora, anche se spesso i loro componenti ne facevano parte. I soldati e artiglieri di presidio nelle torri costiere erano truppe regolari, sia pure distinte dall'esercito[116].
Nel 1717 le milizie della parte meridionale dell'isola furono generalmente filo-asburgiche e la milizia urbana di Cagliari prese parte attiva alla difesa della città assediata dagli spagnoli. Nel nord invece la milizie si schie-rarono a favore di Filippo V, occupando Sassari e costringendo alla resa la spedizione di soccorso sbarcata a Terranova (l'attuale Olbia); fece eccezione la milizia ubana di Alghero, la cui popolazione è di origine catalana.

LE GUARDIE
L'esercito asburgico mantenne fino al 1918 la caratteristica di non avere unità combattenti designate "guardie", ma solo piccoli reparti di guardie di palazzo con funzioni cerimoniali. Alla corte di Carlo VI prestavano ser-vizio una compagnia di «Arcieri» (formata da nobili) e una di «Alabardieri» (reclutata tra la gente comune), indispensabili per impedire il verificarsi di incidenti, anche sanguinosi, che i costumi del tempo rendevano probabili: tant'è vero che molti illustri personaggi avevano le proprie guardie. Queste unità non lasciavano mai la corte e quando il sovrano se ne allontanava la scorta era fornita da normali reparti di cavalleria. Viceré e governatori avevano reparti più o meno analoghi (la «nobile Guardia degli Arcieri» esisteva solo nei Paesi Bassi austriaci), ma nei primi anni del regno di Carlo VI vi furono a Milano e Bruxelles anche delle guardie a cavallo[117].

Gli alabardieri
Le compagnie di alabardieri al servizio del viceré di Napoli e del governatore di Milano (e anche quella del viceré sabaudo di Palermo) erano dette «Guardia alemanna» perché composte in origine da lanzichenecchi

---

115   *Avvisi*, 25 maggio, 27 luglio, 2 agosto, 7 e 21 settembre 1718 (nn. 85, 124, 128, 151, 158).
116   Per le milizie sarde v. CARLOS MORA CASADO, *Las milicias en el Mediterráneo occidental. Valencia y Cerdeña en la época de los Austrias*, Tesi dottorale, Università degli Studi di Cagliari, a. a. 2014-2015; sulle "compagnie barraccellari" cfr. CARLA FERRANTE, *Le origini delle compagnie barracellari e gli ordinamenti di polizia rurale nella Sardegna moderna*, in *La Carta de Logu d'Arborea nella storia del diritto medievale e moderno*, a cura di ITALO BIROCCHI e ANTONELLO MATTONE, Roma-Bari, Editori Laterza, 2004, pp. 300-346.
117   *Wrede*, VI, pp. 47-53; per alcuni incidenti verificatisi in questo periodo con intervento di guardie v. *Avvisi*, 5 gennaio 1718 (n. 4) e 29 luglio 1719 (n. 128); v, anche *Avvisi*, 21 luglio 1717 (n. 119) e 22 giugno 1720 (n. 107).

tedeschi; ben presto i loro componenti furono tedeschi solo di nome, essendo figli o nipoti di soldati accasatisi *in loco*, per cui essi furono sostituiti da svizzeri di lingua tedesca (da cui il nome di «Guardia svizzera» con cui sono talvolta indicati questi reparti), finendo poi per esservi ammesse anche reclute di origine locale.

Queste compagnie avevano organici diversi (circa 70 uomini a Napoli, 50 a Milano e 30 a Cagliari) ed erano formate con ingaggi individuali o vendendo i posti disponibili, per cui i soldati erano proprietari della carica, che era lucrosa perché spesso le guardie erano chiamate (a pagamento) a scortare processioni o a sorvegliare teatri, perfino a stare di guardia alle chiese in occasione di funzioni di grande richiamo: quella di "alabardiere" era una professione e chi la esercitava passava tranquillamente da un regime all'altro.

La fedeltà di questi reparti era relativa e per garantirla meglio il viceré di Napoli (e poi anche quello di Sicilia) aveva facoltà di scegliere chi voleva come capitano, restando questi in carica solo nel suo periodo di governo: nel 1719 il duca di Monteleone, viceré di Sicilia per Carlo VI, in previsione del suo ingresso in Palermo scelse suo figlio Fabrizio capitano degli alabardieri, che sarebbero stati gli stessi che avevano prestato servizio con i precedenti viceré sabaudo e spagnolo. Il viceré di Sardegna (che in origine aveva solo dodici alabardieri) poteva ammettere chi voleva, ma il capitano era un nobile sardo di nomina reale.

Il governatore di Milano disponeva pure di un'altra guardia, detta «Guardia di palazzo» o «della porta», il cui capitano era succeduto al padre che aveva acquistato la carica ai tempi di Carlo II. A Mantova esisteva anche una «Guardia degli Arcieri», composta di 90 uomini reclutati fra i borghesi locali, che servivano *part-time* e avevano la precedenza sugli alabardieri "tedeschi". Altri reparti di alabardieri pagati con fondi militari erano la compagnia del governatore del castello di Milano, i drappelli al servizio di vari comandanti di piazze o castelli, i dodici alabardieri del «Capitano generale» della flotta napoletana[118].

Le guardie a cavallo di Milano e Bruxelles

Al tempo della "Spagna imperiale" l'esercito del ducato di Milano comprendeva due compagnie di guardie del governatore, che conservavano le antiche denominazioni di "lancie" e "archibugieri" anche se entrambe erano equipaggiate come cavalleria pesante. Alla fine del 1707, quando le truppe del principe Eugenio occuparono il milanese, questi reparti rimasero in esistenza, ma l'unico servizio da essi prestato fuori Milano fu quello di scortare nell'estate 1708 Elisabetta Cristina di Brunswick-Wolfenbüttel che andava a raggiungere a Barcellona il consorte, il futuro Carlo VI. All'inizio del 1709 il conte Antonio Cavazzi della Somaglia, comandante la compagnia di "lancie", propose di unirla a quella di archibugieri, per farne un reggimento «con nome e preminenza di Guardie Reali», il cui costo in massima parte sarebbe stato coperto con le somme destinate al mantenimento delle due compagnie. Il principe Eugenio accolse la proposta e con cedola del 20 febbraio 1709 nominò il conte della Somaglia colonnello del nuovo reggimento di «Guardias Corazas Reales». Secondo un documento del 6 maggio 1709 esso comprendeva cinque compagnie, ognuna composta di 3 ufficiali, un furiere, un sergente, tre caporali e 45 soldati semplici, oltre i due trombettieri e il timballiere della compagnia di lancie passati alla compagnia colonnella. Le cinque compagnie erano smontate, dimostrando che la formazione del nuovo reggimento era solo un espediente per ridurre le paghe di lancie e archibugieri e aumentare nel contempo il numero dei beneficiari di esse per ridurre il numero degli scontenti. In passato questo reggimento è stato identificato con i *Dragones del rey* catalani, dei quali per un certo tempo il conte della Somaglia ebbe il comando, ma si tratta di due corpi distinti. Le «Guardie Reali» rimasero sempre a Milano, salvo tre compagnie, naturalmente appiedate, mandate nel 1712 in Sardegna, donde ritornarono nell'aprile 1714; con esse giunsero dalla Catalogna 44 ufficiali "spagnoli" (catalani e valenciani) "riformati" che furono incorporati dal reggimento, il quale alla fine del 1716 contava 309 uomini in tutto. Nel 1717 il «Reggimento di Guardia Reale esistente sopra il piede Alemanno del Colonnello Conte don Antonio della Somalla» aveva 5 compagnie con

118   ASMi, Militare, Parte antica, nn. 118 (Alabardieri e arcieri di Mantova) e 208, *Planta de los Cuerpos ...* cit.; ASNa, Giunta Arsenale, Fs. 297; LIVIO ANTONIELLI, *I capitani delle guardie milanesi. Tra onore e illeciti guadagni nella Milano del Settecento*, in *Tra Lombardia e Ticino. Studi in memoria di Bruno Caizzi*, a cura di RAFFAELLO CESCHI e GIOVANNI VIGO, Bellinzona, Edizioni Casagrande, 1995, pp. 89-108; la menzione di una "Guardia Granatieri del Vice Re" di Sardegna in *Campagne*, XVI, p. 33 nota 1 è probabilmente una svista da intendersi come un riferimento agli alabardieri.

Tav. 16 Ussaro del regg.to Ebergeny e moschettiere del regg.to fanteria Hessen-Kassel.

1 colonnello, 1 tenente colonnello, 4 capitani, 4 tenenti, 5 alfieri, 1 quartiermastro, 1 aiutante, 5 sergenti, 5 furieri, 15 caporali, 101 soldati a cavallo, 128 soldati a piedi, 5 scrivani, 5 chirurghi, 5 sellai, 5 maniscalchi, 7 trombettieri e 1 timballiere. Essendo inutile fu proposto di ridurlo alle due sole compagnie esistenti in passato, ma non se ne fece niente. Scoppiata la guerra con la Spagna il governatore principe di Löwenstein propose di mandare 150 uomini smontati a presidiare il castello di Cremona e altri 50 a Sabbioneta a custodia dell'artiglieria ivi stazionata. Venne sciolto il 1° aprile 1718,

▲ *Esercizi militari: sottufficiali* (da un regolamento del tempo).

aggregando uomini e cavalli al reggimento dragoni *Hamilton*.

La guerra contro la Spagna portò invece alla formazione della compagnia di guardie a cavallo del governatore dei Paesi Bassi austriaci. Nel maggio 1718 il colonnello barone di Hohendorf fu nominato governatore di Courtrai (Kortrijk) e capitano di una compagnia di 100 uomini, formata nel corso dell'anno «impegnandosi alla medesima gran numero d'Uffiziali riformati, ch'erano alla Pensione» e si temeva che, restando senza stipendio, passassero al servizio di Filippo V[119].

I SERVIZI

Negli eserciti del Sei-Settecento l'organizzazione dei servizi era rudimentale e affidata in gran parte a personale improvvisato o appaltatori privati. Le truppe imperiali stanziate in Sicilia dovettero fronteggiare anche la difficoltà di rifornire adeguatamente un esercito operante oltremare nonché la situazione di carestia in cui versava il Regno di Napoli: la necessità di procurarsi viveri e foraggio obbligò Mercy a trasferire nella Sicilia occidentale l'epicentro delle operazioni dopo la resa della cittadella di Messina. Il servizio sanitario dell'esercito austriaco era inadeguato (anche per quei tempi), specie a confronto con quello spagnolo, all'avanguardia in Europa fin dal Cinquecento,

L'organizzazione dei servizi nell'esercito imperiale
Una caratteristica peculiare dell'organizzazione militare asburgica era la vastità delle funzioni attribuite ai commissari di guerra, che erano funzionari civili: essi si occupavano delle paghe, del rifornimento di viveri ed equipaggiamento, delle rassegne, esaminavano le reclute, sulla cui idoneità avevano l'ultima parola, controllavano perfino il livello di disciplina, moralità e osservanza religiosa dei singoli reggimenti.
Il commissariato (*General-Kriegs-Commissariat-Amt*) era comandato da un generale col titolo di «commissario di guerra generale» (*General-Kriegs-Commissarius*) ai cui ordini erano i «commissari di guerra superiori» (*Ober-Kriegs-Commissarien*), i «commissari di guerra» (*Kriegs-Commissarien*) e altri funzionari di rango minore. In caso di guerra per la gestione dei servizi di un'armata operante era costituito un «commissariato di campagna» (*Feld-Kriegs-Commissariat*) diretto da un «commissario di guerra supremo» (*Obrister Commissarius*) nominato per l'occasione, di solito un generale. Gli effettivi del commissariato si ampliavano con l'assunzione

119   ASMi, Militare, Parte antica, nn. 109, 168, 208 e Registri delle Cancellerie dello Stato XXXIV – 8, XXXVIII-3, XXXVIII – 6, XXXVIII – 10; HHSA, Lombardie Collectanea, Fz. 62B; *Wrede*, III, p. 654 e *L'esercito imperiale*. La cavalleria (2), p. 59, attribuiscono al reggimento un'origine catalana; v. anche *Campagne*, XVIII, pp. 47 e 50-51. Notizie sulla compagnia di Bruxelles in *Avvisi*, 8 giugno, 5 novembre e 3 dicembre 1718 (nn. 94, 185 e 202).

Tav. 17 Reggimento napoletano Marulli: ufficiale, moschettiere e tamburo.

di parecchio personale avventizio (anche del rango di commissario di guerra) che veniva licenziato al termine delle ostilità.

Subordinata al commissariato era la "provianda" (*Obrist-Proviant-Amt*) che in tempo di pace contava solo di pochi funzionari per provvedere al rifornimento di viveri e foraggio (*Naturalien*) alle guarnigioni (esclusa l'Ungheria), affidato ad appaltatori civili non disponendo il servizio in proprio di veicoli e animali da tiro. In tempo di guerra il servizio era incaricato del trasporto e custodia di viveri e foraggio e della confezione del pane per le truppe operanti, formando un gran numero di colonne di trasporto (*Proviant-Fuhrwesens*) e di reparti di fornai (*Becken Compagnien*), il cui impiego era diretto in ogni armata da un «direttore» (*Director*) e parecchi «commissari di provianda» (*Proviant-Commissaren*) alle dipendenze del commissariato di campagna. In tempo di pace la provvista di viveri e foraggio spettava alle province degli "Stati ereditari", ma in caso di guerra esse erano obbligate solo a rifornire le truppe nei quartieri invernali, mentre alle necessità degli eserciti campali provvedevano appaltatori civili.

L'unico altro servizio con una propria organizzazione era la giustizia militare, che faceva capo al Consiglio aulico tramite l'«Uditorato generale di guerra» ((*General-Feld-Kriegs-Auditoriat-Amt*) da cui dipendevano gli uditori reggimentali che istruivano i processi; in tempo di guerra un distaccamento dell'uditorato generale seguiva gli eserciti campali, che comprendeva il personale dell'«esecutore generale» (*General-Gewaltiger*), detto comunemente «profosso generale», incaricato della polizia militare[120].

L'organizzazione dei servizi nel Regno di Napoli

L'amministrazione delle forze napoletane di terra e di mare era affidata alla «Regia Camera della Sommaria», un organismo con funzioni tanto giurisdizionali quanto amministrative e che ebbe un ruolo primario nella guerra. Le incombenze della «Sommaria» erano molte e diverse, occupandosi «del Patrimonio Reale, e delle differenze, trà [*sic*] il Regio Fisco, e qualsivoglia persona. Affitta tutte le Doane [*sic*], e Arredamenti del Regno, e vende i Feudi, che si divolvono alla Regia Corte. Provede [*sic*] e sovrasta a tutte le cose appartenentino [*sic*] alla Milizia, come le Regie Galee, Castelle [*sic*], Artiglierie, ed altri Istrumenti Bellici; ed in esso si danno i Conti di tutte l'Entrate del detto Patrimonio. Ed a lui sono soggetti [*sic*] le Doane [*sic*] di tutto il Regno, gli Arrendatori [appaltatori] delle Gabelle Regie ... ed altri». Al vertice della «Sommaria» erano il «Luogotenente» (presidente), i sei «Presidenti» più anziani con voto deliberativo, l'«Avvocato fiscale» con voto consultivo; vi erano poi dodici «Presidenti *di Cappacorta*», sei «Presidenti *Onorarj*», il «Procuratore Fiscale del Regal Patrimonio» e l'«Avvocato fiscale de' Conti» privi di diritto di voto nelle adunanze. Tutti erano «togati», ossia magistrati. Il personale subordinato comprendeva un «Segretario» (cancelliere), tre «Maestri d'atti» e ventidue «Attitanti» che avevano cura dei documenti, venti «Razionali» (ragionieri), oltre duecento scrivani e così via. Con il concentramento delle truppe in Sicilia l'organizzazione dei rifornimenti fu affidata al «presidente» conte Rocco Gervasio in qualità di «Provveditore generale», arrivato a Milazzo nell'ottobre 1718. Egli si trasferì poi a Tropea, da dove partivano le spedizioni, lasciando a Milazzo un «Sotto-provveditore»; in gennaio fu affiancato dal «Provveditore» Sarno e dal GFWM Roma, inviato da Napoli per cooperare con i funzionari napoletani. I provveditori erano scelti tra i «Razionali», come Gerolamo Colucci, che nell'agosto 1719 era «Provveditore generale» a Tropea. Nel marzo 1719 il FM Daun inviò a sostituire Gervasio il più autorevole ed esperto Marco Garofalo duca di Giungano, «reggente» anziano (decano) del «Consiglio Collaterale», nominato «Vicario Generale» delle due Provincie calabresi (Calabria citeriore e ulteriore) e «Sopraintendente» alle provviste per le truppe in Sicilia, incarichi che mantenne fino al termine del conflitto[121].

120   *Portionen Buch*, pp. 7-22; *Kostka*, pp. 31-32 (indicazione dettagliata delle varie classi di personale); *Campagne*, I, pp. 183-187; *Duffy*, pp. 125-130.

121   PLACIDO TROYLI, *Istoria generale del reame di Napoli*, tomo IV, parte III, *cit.*, pp. 419-423; *Avvisi*, 5 novembre 1718 (n. 185), 25 gennaio, 25 febbraio, 5 agosto e 23 settembre 1719 (nn. 16, 35, 132 e 166). *Campagne*, XVIII, p. 99 cita il «provveditore generale» Di Sando che forse è il «Sotto-provveditore» lasciato a Milazzo da Gervasio: Gerba asserisce (*ibidem*, p. 100) che Gervasio avrebbe ceduto la direzione degli approvvigionamenti al GFWM Roma ma gli *Avvisi* lo smentiscono, in particolare 8 aprile 1719 (n. 59): due mesi dopo Roma raggiunse Mercy in Sicilia. Per il periodo successivo v. *Avvisi*, 3 maggio, 3 giugno, 9 agosto e 23 settembre 1719 (nn. 75, 92, 136 e 166), 10 gennaio e 28 febbraio 1720 (nn. 5 e 37); sul «Consiglio Collaterale», di rango assai superiore alla «Sommaria», v. PLACIDO TROYLI, *Istoria generale del reame di*

Tav. 18   Granatiere del reggimento Dragoni Anspach.

Non vi è dubbio che la «Sommaria», con le sue molteplici incombenze, non fosse l'organismo più adatto a gestire i rifornimenti destinati alle truppe combattenti: ma quando la supervisione dei magazzini e l'incombenza della distribuzione fu assunta dal commissariato militare la situazione non migliorò affatto. I funzionari napoletani, essendo dei magistrati, erano certamente privi di una preparazione specifica: ma sicuramente erano più onesti dei commissari di guerra, la cui reputazione era bassissima, tanto che chiamare qualcuno «commissario» era un insulto.

La nomina di Nesselrode e l'istituzione della «Cassa universale» di guerra
Già nel novembre 1717 il principe Eugenio aveva sollecitato, per agire contro la Spagna, la formazione di un esercito separato, per cui si doveva approntare «la PROVISION per gli uomini e i cavalli, necessaria per un CORPS che deve uscire e stare in campo, il traino di provianda … una Cassa sufficientemente fornita per le occorrenze giornaliere; e fanno anche d'uopo Medici e Chirurgi con una completa farmacia campale … e Cancelleria e Commissariato, e Uffici di provianda e posta …» precisando «essere una PRAECISE necessità, che quei FUNDI, che QUOQUE MODO sono DESTINIRT in Napoli o Milano PRO MILITARI, o che vi possano essere DESTINIRT in futuro, debbano formare una CASSE SEPARIRTE ed essere ABSOLUT scissi dal CAMERALI, cosicchè la Regia Camera, o meglio i preposti a questa, non abbiano la minima facoltà, di toccare codesto FUNDUS militare, o DISPONIREN di esso»[122].
Dando ascolto al Consiglio di Spagna, Carlo VI respinse queste proposte, pensando che sarebbe stato più ecomico avvalersi delle strutture napoletane. Si verificò invece il contrario e molti fondi destinati alla guerra furono utilizzati per altri scopi. La situazione finanziaria divenne disastrosa, tanto che nell'aprile 1720 per sopperire alle spese dovettero porre in vendita perfino le torri litoranee del Regno di Napoli, solite darsi in affitto: senza il contributo finanziario francese la guerra contro la Spagna non avrebbe potuto essere combattuta[123].
Ai primi del 1719 fu nominato «commissario di guerra supremo» il GFWM conte Nesselrode che avrebbe gestito la «Universal-Cassa» da istituirsi a Napoli. Divenuto generale nel 1716, questi era stato mandato a Vienna dal FM Daun nell'ottobre 1717 per riferire sulle condizioni del Regno di Napoli. Arrivato a Milano nell'aprile 1719 e portatosi subito a Genova per riscuotere parte delle somme versate dalla Francia per sopperire alle spese di guerra, Nesselrode proseguì poi per Napoli, dove arrivò a metà maggio. Salvo un viaggio a Vienna a metà ottobre per esporre lo stato precario dell'esercito in Sicilia e un'altro brevissimo a Messina nel gennaio 1720 per «rivedere li maneggi, e distribuzioni fatte», Nesselrode rimase sempre a Napoli, dove la sua presenza era necessaria per l'incompetenza del cardinale Schrattenbach, succeduto al FM Daun (rimosso dalla carica per gli intrighi del Consiglio di Spagna) dopo la repentina morte del conte Gallas. A guerra finita si trasferì nell'isola per liquidare i conti in sospeso, rientrando a Vienna in ottobre[124].

La crisi dei rifornimenti
Alla fine del 1718 il Consiglio aulico di guerra mandò a Napoli, su richiesta del FM Daun, alcuni commissari di guerra mentre una cinquantina di fornai tedeschi «li medesimi che stavano in Belgrado la Campagna passata» andarono a Tropea e Reggio (Calabria) dove si eressero forni capaci di fornire 25.000 razioni al giorno. Nel giugno 1719 l'incarico di comprare muli e cavalli da soma fu affidato al GFWM Roma tornato in Calabria per curare l'imbarco del suo reggimento. I magazzini (la "base logistica" in termini moderni) dell'esercito di Mercy furono stabiliti a Milazzo, trasferendoli a Messina dopo la resa della cittadella: li dirigeva il «provveditore

Napoli, tomo IV, parte III, *cit.*, pp. 414-416.
122   Il principe Eugenio all'imperatore, 12 novembre 1717, in *Campagne*, XVIII, pp. 17 e 20 suppl.
123   *Avvisi*, 8 maggio 1720 (n. 78), Sulla situazione finanziaria v. *Campagne*, XVIII, pp. 60-64 (che sottovaluta l'importanza dei sussidi francesi ai fini della riconquista della Sicilia).
124   Johann Franz Hermann conte von Nesselrode zu Roth und Grimberg (1671-1751), originario del Berg (territorio tedesco oggi compreso nel *Land Nordrhein-Westfalen*) fu promosso FML nel 1723, FZM nel 1728 e FM nel 1741; dal 1726 al 1745 ricoprì la carica di *General-Kriegs-Commissarius*: v. Schmidt-Brentano, p. 68 e *Oesterreicher Erbfolge-Krieg*, I, 1. Theil, *cit.*, pp. 335-338. La nomina di Nesselrode in *Campagne*, XVIII, p. 110 (v. anche *Feldzüge*, XVIII, p. 141); per i suoi movimenti v. *Avvisi*, 8 marzo, 3 maggio e 7 giugno 1719 (nn. 41, 74 e 94), 24 gennaio, 28 febbraio, 19 giugno, 20 agosto e 19 ottobre 1720 (nn. 14, 37, 104, 152 e 176) e Campagne, XVIII, pp. 157 e 97 suppl.

generale» Francesco Spagnuolo (poi sostituito da Francesco Maria di Gregorio) coadiuvato da molti «notarij» in funzione di provveditori, sotto il controllo del conte Nesselrode che aveva l'obbligo di liquidare le spese ogni mese.

Verso la fine di settembre ci si avvide che l'esercito non aveva razioni che per 4 o 5 giorni: Mercy fece sequestrare a Reggio sei imbarcazioni provenienti dalla Morea (Peloponneso), cariche di grano per Napoli, e le fece condurre a Messina. Mancando il foraggio egli fu poi obbligato a far passare in Calabria la maggior parte della cavalleria. Inoltre dovevano essersi verificati illeciti dovuti alla mancanza di controllo poiché verso la fine del 1719 il Consiglio aulico risolse di inviare nell'isola, come sostituto di Nesselrode, il «commissario di guerra superiore» Enorter[125].

Il servizio sanitario

Nella seconda metà del XVIII la costante sollecitudine di Maria Teresa per il benessere del soldato portò la sanità militare austriaca all'avanguardia in Europa, ma all'epoca di Carlo VI la situazione era assai diversa. Una ritenuta sulla paga del soldato doveva assicurargli l'assistenza sanitaria, ma a essa provvedevano i "barbieri di campo" delle compagnie (*Feldscherer*). Il 16 febbraio 1718 fu ordinato di sostituirli con un "barbiere di campo reggimentale" (*Regiments-Feldscherer*) coadiuvato da "lavoranti" (*Feldscherer-gesellen*) che dovevano essere competenti in campo sanitario. In realtà la situazione cambiò poco, poiché questa spesa fu posta a carico dei reggimenti e la scelta del nuovo chirurgo lasciata ai colonnelli, che naturalmente assunsero quelli di meno pretese, senza curarsi della loro effettiva preparazione; gli ufficiali presero l'abitudine di ricompensare i servitori meritevoli facendoli nominare "lavoranti" e l'assistenza sanitaria rimase in gran parte affidata ai "barbieri di campo" che continuarono a far parte delle compagnie.

In tempo di pace esisteva un solo ospedale militare, con sede a Vienna, ove prestavano servizio pochi medici e chirurghi (che allora formavano due categorie separate); altrove i soldati ammalati erano ricoverati negli ospedali civili. In tempo di guerra si formavano ospedali da campo con medici e chirurghi "da campo" avventizi. Il *Protho-Medicus* (medico principale) degli "Stati ereditari" aveva una vaga funzione ispettiva, ma non poteva mettere piede negli ospedali senza il permesso del commissariato, che gestiva il servizio sanitario in modo arbitrario e disordinato. Negli stati già appartenenti agli Asburgo spagnoli la situazione era un poco migliore, perché anche nell'organizzazione del servizio sanitario militare la Spagna era stata all'avanguardia (il primo ospedale militare permanente fu stabilito a Malines nel 1585).

Durante l'assedio di Milazzo le condizioni dei soldati austriaci feriti o malati erano penose «per non aver ospedale ben regolato e determinato, ma solo alcune casuncule ... retrovandosi [sic] affollati gli infermi, gettati sopra il nudo suolo e nel terreno, con una pietra per capezzale, senza gli medicamenti opportuni e necessarij» mentre le truppe sabaude avevano un proprio ospedale «con alcuna regola e metodo (benché non opportuna), con l'assistenza del fisico [medico] e del chirurgo». Gli infermi furono poi evacuati a Tropea, dove era stato impiantato un ospedale diretto da «Don Stefano Yerger, tudesco, medico generale e maggiore di tutte le truppe tudesche, così nel Regno di Napoli e Calabria come di questo Regno di Sicilia» e «Sigismondo Pona, chirurgo generale di dette truppe», che poi si trasferirono a Milazzo.

Lo stato maggiore di un esercito campale avrebbe dovuto comprendere un numero adeguato di medici, chirurghi e farmacisti, ma sembra che il personale sanitario al seguito di Mercy fosse scarso: dopo Francavilla i feriti furono lasciati in abbandono, anche quelli di un certo rango, almeno a giudicare da quanto scrive Thomas Corbett, testimone oculare, le cui parole appaiono dettate da sincera indignazione e non, come al solito, da scopi propagandistici[126].

---

125   Il principe Eugenio all'imperatore, 13 dicembre 1718, e al conte Nesselrode, 13 dicembre 1719, in *Campagne*, XVIII, pp. 41 e 105 suppl.; *Avvisi*, 25 marzo, 15 aprile, 17 giugno e 12 luglio 1719 (nn. 51, 61, 100 e 116); *L'Assedio di Milazzo*, cap. XX. Per la crisi logistica v. *Campagne*, XVIII, pp. 156-159.
126   *Kostka*, p. 31-32; *Regal*, p. 86; *Campagne*, I, pp. 276-278; *Duffy*, pp. 131-132; Geoffrey Parker, *La rivoluzione militare*, cit., pp. 118-122; *L'Assedio di Milazzo*, capp. VI, XI e XII; [Thomas Corbett], *An account...*, cit. (Corbett era segretario di Byng e accompagnò l'ammiraglio quando questi si recò al campo imperiale dopo Francavilla).

LA MARINA

L'unica marina di cui disponeva l'imperatore era quella napoletana, perché gli altri possedimenti di Carlo VI erano privi di forze navali. I Paesi Bassi austriaci non potevano avere una propria marina da guerra per le convenzioni con Gran Bretagna e Province Unite, mentre la pretesa della Repubblica di Venezia all'esclusivo dominio dell'Adriatico aveva fino allora precluso di costituirne una con base a Trieste; in Sardegna la piccola flotta aveva cessato di esistere nel 1708 e i condannati al remo sardi erano inviati a Napoli[127].

Nel periodo 1707-1734 lo sviluppo della marina napoletana fu modesto, soprattutto a causa della situazione economica, anche se il governo imperiale cercò, nei limiti del possibile, di favorire l'espansione del commercio marittimo. A parte alcune pagine del libro di Benedikt sul Regno di Napoli al tempo di Carlo VI e un recentissimo saggio di Maria Sirago che non è stato possibile consultare, non vi sono studi sulla marina napoletana di questo periodo basati su fonti archivistiche, per cui questo tentativo di ricostruzione può essere soggetto a errori e fraintendimenti[128].

L'organizzazione

Nel 1717 la marina del Regno di Napoli dipendeva dal Consiglio di Spagna a Vienna, cui dovevano rivolgersi quanti sollecitavano un brevetto di ufficiale; a Napoli aveva invece sede una «Giunta di Marina» incaricata della costruzione e manutenzione di navi e arsenali, arruolamento del personale, provvista di legname e così via mentre quanto riguardava l'amministrazione faceva capo alla «Regia Camera della Sommaria». Il comando operativo spettava al viceré, cui era subordinato il «Capitano generale delle forze navali», da cui dipendevano galee e vascelli, carica rivestita dal 1711 dal catalano Vicente de Argote y Córdoba, conte di Foncalada[129].

Nei primi anni un grave problema fu costituito dal rifiuto dei soldati imbarcati di obbedire agli ordini degli ufficiali di marina, che non erano considerati parte delle truppe: il *Real Reglamento de la Marina* approvato da Carlo VI il 26 ottobre 1715 pose fine a queste dispute, tentando di ovviare anche ai disordini e agli sprechi causati da indisciplina e dall'eccessivo numero di impieghi.

Il regolamento, scritto in spagnolo e indirizzato al FM Daun, allora viceré di Napoli, riprendeva in gran parte un progetto elaborato dal conte di Foncalada, comandante delle forze navali del Regno. Non si può essere sicuri che il testo sia quello definitivo, anche perché in esso si riscontrano molte incongruenze e alcune curiose omissioni; ma è l'unico per ora disponibile[130].

Il regolamento stabilì che i comandanti delle nave a vela o delle galee avessero piena autorità su tutto il personale imbarcato, soldati compresi: tale disposizione essenziale è all'articolo 39 dove, quasi per caso, si dice che *para evitar toda disputa* si è ritenuto opportuno concedere ai capitani dei *vaseles* e delle galee il grado di tenente colonnello. Fu invece mantenuta la pratica di dare a ufficiali ed equipaggi solo otto paghe all'anno, esclusi cioè i mesi invernali in cui non si navigava, stabilendo però che «che la razione diaria [di pane] si debba somministrare per tutto l'anno ...»[131].

---

127   Cfr. *Avvisi*, 4 marzo 1716 (n. 38). Esisteva ancora il il titolo di «generale delle galere di Sardegna», portato da Pietro Branciforte conte di S. Antonio, un nobile siciliano filo-asburgico catturato dagli Spagnoli a Siamanna, che lo aveva nel 1708.

128   Heinrich Benedikt, *Das Königreich Neapel unter Kaiser Karl VI*, Wien – Leipzig, Manz Verlag, 1927, pp. 335-348; Maria Sirago, *La ricostruzione della flotta napoletana e il suo apporto nella difesa dei mari nel Viceregno Austriaco (1707-1734)*, in *Archivio Storico per le Province Napoletane*, CXXXIV (2016), pp. 71-98; per un quadro generale v. anche Mirella Mafrici, *Il Mezzogiorno d'Italia e il mare: problemi difensivi nel Settecento*, in *Mediterraneo in armi (secc. XV-XVIII)*, a cura di Rosella Cancila, Tomo II, Palermo, Associazione "Mediterranea", 2007. pp. 637-663.

129   Il principe Eugenio al conte Mercy, 20 agosto 1719 in *Campagne*, XVIII, p. 77 suppl.; *Avvisi*, 23 settembre 1711 (n. 156) e 30 dicembre 1716 (n. 228). L'eccessiva fretta con cui è stato redatto *Tra i Borbone e gli Asburgo* ha fatto scrivere (p. 86) che «il conte di Fuencalada [sic] passò in Spagna lasciando il comando della Squadra delle Galere a Giuseppe Martelli di Isernia, nominato Almirante e Alguacil Reale dell'Armi Marittime», dimenticando che allora il il termine di *Almirante* non si riferiva a un grado militare e che l'*Alguacil* aveva solo funzioni di sorveglianza.

130   Altro materiale sulla marina napoletana del periodo di Carlo VI è rinvenibile a Vienna in HHSA, Neapel Collectanea, Fz. 34, compresi anche i ruoli d'armamento di molte navi.

131   La razione di pane aveva un valore determinato e poteva essere somministrata sia in denaro, sia in natura.

Tav. 19 Ufficiale del reggimento ussari Esterhàzy.

Tav. 20 Sergente dei moschettieri del reggimento O'Dwyer e *Zimmermann* del reggimento Königsegg

Galee e navi

Il regolamento non fissava la consistenza della flotta, ma la premessa prevedeva di porre in esecuzione il dispaccio del 14 marzo 1711 che limitava l'armanento a quattro galee, e quattro *navios*[132]. L'articolo 1 («capitolo» nel testo originale) stabiliva che «La [galea] *Capitana* sarà di 28 banchi, la *Patrona* di 27, le altre ordinarie (*sensillas*) di 26, costruite nuovamente in questo regio arsenale ... I *Baxeles* saranno il nuovo *San Leopoldo* di 54 cannoni, il *Santa Barbara* che si sta ultimando di 70 cannoni e subito dopo comincerà la costruzione di altri due di 70 cannoni per completare questo armamento ... essendo di maggior convenienza che si costruisca in questo regno ... la maestranza che deve pagarsi a questo fine risulterà sempre più economica, che se si comprassero i *navios* in Olanda o altrove». (In realtà fu costruito solo il *San Carlo*).

La squadra delle galee aveva raggiunto nel 1713 la forza massima di otto unità, quando aveva incorporato quelle evacuate da Barcellona, ma con la cessazione delle ostilità era stata rapidamente ridotta a quattro: *Capitana*, *Padrona*, *San Carlo* e *Santa Elisabetta*, costruite dal 1711 al 1715 (Le galee asburgiche del 1734 avevano gli stessi nomi ma scafi diversi, essendo normale chiamare le galee sempre allo stesso modo, per semplificare l'amministrazione delle ciurme). Non si conoscono i nomi dei comandanti delle singole unità, i cui ufficiali in precedenza erano nobili napoletani, cui forse dopo il 1713 si era unito qualche *austracista* profugo dalla penisola iberica. I napoletani (o meglio "nazionali") formavano gli equipaggi e la maggior parte delle ciurme, ma non mancavano forzati milanesi, sardi e degli "Stati ereditari"; scarseggiavano invece gli schiavi barbareschi, considerati i rematori migliori, carenza cui si cercava di rimediare acquistandone a Malta e Livorno.

Secondo l'articolo 6 del regolamento del 1715 la galea *Capitana* doveva avere capitan comandante, capitan tenente, tenente, sottotenente, sergente, tamburo, quattro *cabos de esquadra*, dodici *plazas* non ben specificate, cappellano, *piloto real*, tre consiglieri, *comitre real*, comito di mezzania, sotto-comito, chirurgo maggiore, *alguazil real*, sotto-aguzzino, otto timonieri, due *marineros de flechia*, 28 *marineros francos*, 8 *proeles*, *condestable de la artilleria*, artillero (cannoniere), 2 *ayudantes*, carpentiere, calafato, bottaro, remolaro, quattro garzoni della maestranza. La galea doveva avere due feluche di servizio, ciascuna noleggiata al costo di 45 *escudos* al mese, mentre la ciurma era costituita da 350 a 400 *forzados* (nessun cenno allla tradizionale ripartizione tra forzati, schiavi barbareschi e buonavoglia, ossia galeotti di libertà).

L'articolo 7 del regolamento precisava che la galea *Padrona* (detta *Patrona* alla spagnola) era comandata da un *capitan de mar y guerra* cui era subordinata la *marineria* e la *guarnicion*; gli altri componenti dell'equipaggio erano capitan tenente, tenente, alfiere, sergente, tamburo, tre *cabos de esquadra*, cappellano, padrone, pilota, pilota di rispetto, due consiglieri, comito, comito di mezzania, sotto-comito, chirurgo, aguzzino, sotto-aguzzino, sei timonieri, due *marineros de flechia*, 22 *marineros francos*, 6 *proeles*, 3 *artilleros* (cannonieri), 2 *ayudantes* (di artiglieria), carpentiere, calafato, bottaro, remolaro, barbiere, quattro garzoni della maestranza. La ciurma doveva essere di 320 *forzados*. L'articolo 8 attribuiva invece alle galee ordinarie (*sencillas*) un equipaggio simile alla *Padrona*, con in meno capitan tenente, pilota di rispetto, comito di mezzania, *marineros de flechia* e solo 18 *marineros francos* e 260 *forzados*.

Anche se nel 1711 si era fissato un organico di quattro *baxeles*, nel luglio 1717 ne era in servizio soltanto uno, il *San Leopoldo* di 54 cannoni (varato nel 1712), mentre il *Santa Barbara* (varato nel 1715) e il *San Carlo* (varato nel maggio 1717) di 70 cannoni erano in allestimento. Per l'articolo 10 la *dotacion* di un *navio* da guerra di 70 cannoni doveva essere costituita da capitano, capitan tenente, tenente, primo e secondo sottotenente, due sergenti, tre caporali, tamburo, cappellano, *mestre de raciones*, scrivano, primo, secondo e terzo pilota, mastro, contro-mastro, sotto-guardiano, due *cabos de Marineros*, *mestre de vela*, *penes*, profosso (denominato *alguazil* come gli aguzzini delle galee), *patron de lancha*, gabbiere, *paxacottiero* (?), maestro d'ascia con due aiutanti, calafato con due aiutanti, bottaro, *mestre de armas*, ferraio, chirurgo, barbiere, sei *cabos de guardia*, connestabile

---

132   Nel regolamento le navi a vela sono dette indifferentemente *navios*, *naves*, *baxeles* o *vaseles*, termini che si è preferito mantenere invece di tradurli come «vascello» per sottolineare che ci si riferiva genericamente a unità di vela quadra e non a «vascelli» nell'accezione odierna.

(dell'artiglieria), sotto-connestabile, 26 *artilleros* (cannonieri), 4 *camarottes*, cuoco, 12 mozzi, 40 *marineros fixos* (in servizio permanente o «di pianta fissa» come si disse poi) e «altri 144 marinai in più per il completamento dei 350 uomini che dovrà portare ciascun *navio, siempre que salga a navigar ...*».

Il FM Daun per accelerare il completamento delle due navi fece acquistare ad Amsterdam materiale e 140 pezzi d'artiglieria (56 da 18 libbre, 56 da 12 e 28 da 6 libbre) in ferro svedese che diedero cattiva prova, per cui i due vascelli entrarono in servizio solo nel 1720[133].

L'arsenale di Napoli era perfettamente attrezzato per costruire navi a vela quadra ma, per quanto il Regno abbondasse di marinai, era difficile reperire il personale capace di manovrarle: questo faceva sì che gli equipaggi fossero raccogliticci e gli ufficiali in gran parte stranieri[134]. Per l'articolo 36 del regolamento del 1715 era «*el uso de velas latinas en las embarcaciones de ese Reyno*» a causare «*la inesperiencia en el uso de las velas quadras, que el mas comun y proprio para el comercio en ambos mares*», imponendosi al viceré, al comandante delle forze navali e alla Giunta di Commercio di studiare i modi di aumentarne il numero, autorizzandoli a concedere gratifiche e privilegi a quanti impieghino navi a vela quadra o navighino con esse. Intanto, non potendosi pensare di istituire compagnie di navigazione come a Trieste o ad Ostenda, l'articolo 35 prevedeva la possiblità di noleggiare le unità da guerra a vela a commercianti privati «*con la sola contribucion de los flectos y nolos, que devieran pagar por otros vaseles de igual porte y comodidad di suo trasporto ...*».

Le truppe imbarcate

In origine ogni nave o galea aveva la propria «compagnia di dotazione», ma la diffidenza verso i locali portò a sostituirle con un *Reggimento della Marina*. L'articolo 1 del *Real Reglamento* del 1715 pevedeva «si formi in questo regno un reggimento di marina composto di sei compagnie con un colonnello, un *sargento mayor* (maggiore) e seicento soldati comuni, con i loro rispettivi capitani, tenenti, sergenti e caporali, i quali dovranno essere dei più pratici e capaci, per servire sui *baxeles* e galee, tanto per i viaggi, e navigazione, quanto per la sorveglianza di questi bastimenti e dei posti custoditi dalla marina e altri compiti militari quando staranno nel regno ...».

L'articolo 3 stabiliva le paghe e le razioni di pane spettanti a colonnello, maggiore, capitani, tenenti, sergenti, caporali e soldati semplici mentre il 4 specificava che «Di questo reggimento si ripartirà la dotazione che corrisponde a ciascuna galea o *navio* nei viaggi sotto gli ordini dei loro capitani e ufficiali[135], secondo lo stile e le leggi della marina quando staranno imbarcati. E nei mesi d'inverno, quando non si naviga, quelli che non saranno necessari per la *guarnicion* di *baxeles* e galee faranno le guardie nella darsena, molo e Santa Lucia e negli altri luoghi del litorale ove sarà ritenuto opportuno porre guardie di questa gente», regolandosi analogamente a quanto praticato per i soldati degli altri reggimenti.

Curiosamente il regolamento non specifica il numero di soldati semplici imbarcati su una galea; per un vascello da 70 cannoni essi dovevano essere circa 76 (numero desunto sottraendo dal totale di 350 uomini di equipaggio i 274 individui di vari gradi elencati).

Il nuovo corpo doveva reclutare nel «Litorale adriatico» a Fiume, Trieste, Gorizia e Sign, ma i risultati furono scarsi, tanto che gli ufficiali poterono essere nominati solo nel novembre 1716. Nell'estate 1717 gli venne unita buona parte del reggimento *Barbon* proveniente dalla Sardegna, portando il numero delle compagnie a undici, compresa una di granatieri. Nel 1723 il reggimento contava:

colonnello: generale di battaglia don Manuel Barbon;

tenente colonnello: don Ignacio Pappalardo;

sargente maggiore: don Juan Antonio Fernando;

seguono un capitano dei granatieri e dieci capitani; nove tenenti e un secondo tenente; nove alfieri e un alfiere

---

133   *Campagne*, XVIII, p. 46 e *Avvisi*, 14 febbraio 1720 (n. 26).

134   Nel 1716 un «cavaliere maiorchino» assunse il comando della *San Leopoldo*, mentre «il Cav. di Malta Bolino Genovese» ebbe quello della *San Carlo* ancora in costruzione: *Avvisi*, 30 dicembre 1716 (n. 228).

135   Dovrebbe riferirsi agli ufficiali di marina, poiché gli articoli 6, 7, 8 e 10, che fissano l'equipaggio di galee e navi a vela, non ne menzionano altri. Sembra però strano che gli ufficiali del reggimento non si imbarcassero mai.

Tav. 21 Trombettiere del reggimento corazzieri Visconti.

quartiermastro; cappellano, tenente aiutante, uditore, chirurgo maggiore e prevosto. Gli ufficiali aggregati erano numerosi, contandosi in essi anche quelli del reggimento *Barbon* reduci dalla Sardegna: tenente colonnello Estopiñan, 6 capitani, 4 tenenti, 10 alfieri e 19 altri ufficiali aggregati con mezzo soldo. La presenza di tanti ufficiali differenziava il reggimento dal battaglione aggregato alla futura marina borbonica, i cui ufficiali erano pochi, facendone a bordo le veci gli ufficiali di marina[136]. Mentre questo battaglione apparteneva all'esercito, il reggimento costituiva un corpo a parte, le cui rassegne (*muestras*), giusta l'articolo 28 del regolamento, dovevano farsi ogni tre mesi alla presenza del *Veedor general* della marina e dell'*Escrivano de Razon*, che sostituivano i commissari di guerra.

Personale diverso

In base all'articolo 11 del regolamento del 1715 il comando della marina doveva essere affidato al capitano generale delle forze marittime e a due *Geffes*, uno della squadra delle navi e l'altro di quella delle galee, incarichi tutti cumulati (almeno nei primi anni) dal conte di Foncalada. Oltre questi tre ufficiali generali la *plana mayor de marina* doveva contare:

due aiutanti col grado di tenente;

capitano di artiglieria;

due medici, *uno de Navio y otro de Galeras*;

un medico per il servizio dell'ospedale (in cui erano ricoverati i galeotti, compresi quelli che non facevano parte delle ciurme);

chirurgo dell'ospedale:

capitano della maestranza:

capitano della bocca della Darsena;

uditore generale della marina;

fiscale;

mastrodatti;

procuratore dei poveri;

scrivano;

armerol.

Gli articoli successivi stabilivano con precisione il numero degli *officiales y ministros* addetti alla marina, proibendo di aggiungerne altri. Questi impiegati ricevevano dodici paghe all'anno (non otto come ufficiali e marinai), precisandosi che l'incarico doveva essere esercitato dal titolare e non affittato a un sostituto, come era pratica comune.

La marina in guerra

Durante il conflitto le galee furono attivissime: da rilevare il loro intervento nella battaglia di Milazzo (15 ottobre) dove fu il loro fuoco a impedire che la sconfitta diventasse un disastro. Presero anche parte alla conquista di Lipari, sostennero l'avanzata delle truppe di Mercy verso Messina e operarono infine lungo le coste della Sicilia occidentale. Il *S. Leopoldo* fu impiegato a scortare i convogli carichi di truppe, in particolare quelli da Fiume a Manfredonia e poi quelli di ritorno dalla Sicilia, minacciati dai corsari barbareschi, ruolo nel quale poi lo affiancarono *Santa Barbara* e *San Carlo*. Quanto alle unità minori (allora considerate «corsare») l'ammiraglio Byng ne apprezzò tanto il contributo da valersene per quei compiti secondari che gli inglesi erano soliti affidare a imbarcazioni locali noleggiate per loro conto[137].

---

136   ASNa, Giunta Arsenale, fs. 303 e ANTONIO FORMICOLA - CLAUDIO ROMANO, *Storia della Marina da Guerra dei Borbone di Napoli*, Primo volume, I tomo (1734-1767), Roma, Ufficio Storico della Marina Militare, 2005, pp. 35, 37.
137   Cfr. *L'assedio di Milazzo*, cap. V; v. anche ALDO ANTONICELLI, *Oared Square Rigged Warships in the Eighteenth-century Mediterranean*, in *The Mariner's Mirror*, 103:2 (2017), pp. 205-206.

Tav. 22   Alabardieri Alemanni dei Vicerè di Napoli.

Le navi «corsare»

A quell'epoca il termine «corsaro» non indicava solo le imbarcazioni munite di una «lettera di marca» che le autorizzava a catturare i mercantili nemici, bensì anche quelle in servizio temporaneo. Molte imbarcazioni a remi e vele latine furono noleggiate dalla marina, magari solo per un viaggio, imbarcandovi distaccamenti tratti dai reggimenti di fanteria. Le «Gazzette» del tempo le menzionano spesso, ma non ne riportano mai nomi, salvo quelli di due tartane (*Trè Maggi* [sic] e *Santissimo Crocifisso*) che operarono nel 1719 tra la Calabria e Milazzo.

Riguardo i corsari veri e propri, l'articolo 34 del regolamento del 1715 abolì l'obbligo loro imposto di versare all'erario la quinta parte del valore delle prede fatte, norma che nella guerra di successione spagnola aveva contribuito a rendere la guerra di corsa poco redditizia. Nella guerra del 1717-1720, invece, i corsari furono molto attivi, specie nel Mar Ligure e nell'Alto Tirreno: in maggior parte erano napoletani, ma non mancavano i fuorusciti catalani e maiorchini, i toscani dello «Stato dei Presidi» e qualche unità «di bandiera imperiale» allestita a Genova e Livorno con «lettera di marca» rilasciata dal console locale.

L'origine della nave S. Carlo *e altri misteri*

Diversi aspetti della marina napoletana di questo periodo restano oscuri. Di molte navi si ignora la sorte, quali «il Vascello *la Fortuna*, di più di 40 Cannoni, restato solo delli Bastimenti nemici nel Porto di Messina», riparato, allestito e uscito da Messina il 5 gennaio 1720. Negli *Avvisi* si fa più volte menzione dell'acquisto a Mahón di alcune delle navi catturate a Capo Passero (il 16 luglio 1720 il console sabaudo Raibaudo segnalava da Napoli l'atteso arrivo di quattro navi comprate a Mahón), ma non se ne trova poi traccia. Benedikt scrive che nel 1721 fu acquistato il *Cumberland*, chiamato sotto bandiera spagnola *Príncipe de Asturias*, divenuto *S. Carlo*. Ciò implica che la precedente nave di questo nome sia divenuta innavigabile dopo un servizio brevissimo. L'acquisto di un'unità varata nel 1695 appare strano, ma forse era l'unica disponibile. Solo una ricerca fatta sui documenti d'archivio potrà chiarire questo e altri fatti oscuri di una marina ingiustamente dimenticata[138].

▲ *L'imperatore Carlo VI* (opera di Martin van Meytens il giovane)

138   *Avvisi*, 28 febbraio 1720 (n. 37); HEINRICH BENEDIKT, *Das Königreich Neapel ...*, cit., p. 343; v. anche FRANZ F. BILZER, *Die Schiffe und Fahrzeuge der k. (u.)k. Kriegsmarine*, 9. Fortsetzung, in MARINE – Gestern – Heute, 1987/3, pp. 106-107, in part. p. 107; il fatto non compare in KARL GOGG, *Österreichs Kriegsmarine 1440-1448*, Salzburg, Verlag des Bergland Buch, 1992, p. 55. Si ringrazia Aldo Antonicelli per aver comunicato la lettera del console Raibaudo.

SOLDIERS, WEAPONS & UNIFORMS ALREADY PUBLISHED
(SOME TITLES)

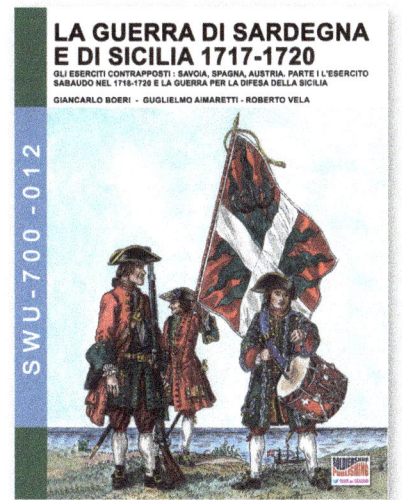

LA GUERRA DI SARDEGNA E DI SICILIA 1717-1720
GLI ESERCITI CONTRAPPOSTI : SAVOIA, SPAGNA, AUSTRIA. PARTE I L'ESERCITO SABAUDO NEL 1718-1720 E LA GUERRA PER LA DIFESA DELLA SICILIA
GIANCARLO BOERI - GUGLIELMO AIMARETTI - ROBERTO VELA
SWU-700-012

LA GUERRA DI SARDEGNA E DI SICILIA 1717-1720 VOL.2/1
GLI ESERCITI CONTRAPPOSTI : SAVOIA, SPAGNA, AUSTRIA. PARTE II L'ESERCITO SPAGNOLO NEL 1717-1720 E LA GUERRA PER LA CONQUISTA E LA DIFESA DELLA SARDEGNA E DELLA SICILIA
G. BOERI - J.L.MIRECKI - P. GIACOMONE PIANA - G. AIMARETTI - R. VELA
SWU-700-013

LA GUERRA DI SARDEGNA E DI SICILIA 1717-1720 VOL 2/2
GLI ESERCITI CONTRAPPOSTI : SAVOIA, SPAGNA, AUSTRIA. PARTE II L'ESERCITO SPAGNOLO NEL 1717-1720 E LA GUERRA PER LA CONQUISTA E LA DIFESA DELLA SARDEGNA E DELLA SICILIA
G. BOERI - J.L.MIRECKI - P. GIACOMONE PIANA - G. AIMARETTI - R. VELA
SWU-700-014

LA GUERRA DI SARDEGNA E DI SICILIA 1717-1720 VOL 3/1
GLI ESERCITI CONTRAPPOSTI : SAVOIA, SPAGNA, AUSTRIA. PARTE 3 L'ESERCITO AUSTRIACO NEL 1717-1720
G. BOERI - P. GIACOMONE PIANA - G. AIMARETTI - R. VELA
SWU-700-015

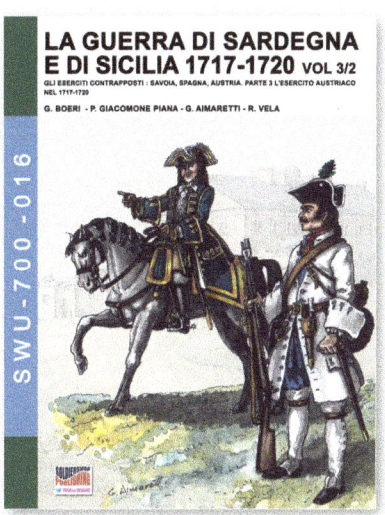

LA GUERRA DI SARDEGNA E DI SICILIA 1717-1720 VOL 3/2
GLI ESERCITI CONTRAPPOSTI : SAVOIA, SPAGNA, AUSTRIA. PARTE 3 L'ESERCITO AUSTRIACO NEL 1717-1720
G. BOERI - P. GIACOMONE PIANA - G. AIMARETTI - R. VELA
SWU-700-016